Interaktionsspiele für Jugendliche Teil 1

Klaus W. Vopel

INTERAKTIONS SPIELE FÜR JUGENDLICHE

Teil 1

iskopress

Klaus W. Vopel: Interaktionsspiele für Jugendliche, Teil 1
ISBN 978-3-89403-161-9
10. Auflage 2012
Copyright © iskopress, Salzhausen
Umschlaggestaltung:
Mathias Hütter, Schwäbisch Gmünd
Druck und Bindung:
Aalexx Buchproduktion, Großburgwedel

**Bibliografische Information der
Deutschen Bibliothek**
Die Deutsche Bibliothek verzeichnet diese Publikation in der
Deutschen Nationalbibliografie;
detaillierte bibliografische Daten sind im Internet
über http://dnb.ddb.de abrufbar.

INHALT

EINLEITUNG

In der Einleitung zu den «Interaktionsspielen für Kinder» habe ich Hinweise auf lernpsychologische Aspekte der Interaktionsspiele und auf die praktische Arbeit mit ihnen gegeben. Hier möchte ich nun einen anderen Weg beschreiten. Gerade weil Missverständnisse und Spannungen zwischen Erwachsenen und Jugendlichen so häufig vorkommen, sind meines Erachtens einige Hinweise auf besonders wichtige entwicklungspsychologische Themen des Jugendalters angebracht. Sie können Ihnen helfen, die Jugendlichen, mit denen Sie die Experimente erproben, besser zu verstehen. Zum anderen soll kurz auf die Themenbereiche des jeweiligen Bandes eingegangen werden, indem wir fragen: Welche wichtigen Belastungen und Möglichkeiten ergeben sich hier für die Jugendlichen?

Die Betonung entwicklungspsychologischer Aspekte entspringt zum einen meinem persönlichen Interesse, das eigene Leben verstärkt historisch zu betrachten, als Ablauf spezifischer Phasen mit jeweils eigenen charakteristischen Aufgaben. Zugleich habe ich in der praktischen Arbeit mit Gruppen aller Altersstufen festgestellt, dass ich den einzelnen Teilnehmer sehr viel besser unterstützen kann, wenn ich mit ihm gemeinsam herausfinde, welche Themen und Aufgaben seinem gegenwärtigen Standort im Lebenszyklus zugrunde liegen.

Das Jugendalter als Übergangsphase

Ein verhältnismäßig einfaches und plausibles Entwicklungsschema des menschlichen Lebenszyklus arbeitet mit einer Dreiteilung. Danach verändern wir unseren biologischen und sozialen Status zum ersten Mal, wenn wir aus dem Säuglings- ins Kindesalter wechseln, dann, wenn wir vom Kind zum Erwachsenen werden, und schließlich, wenn wir aus dem Erwachsenen- ins Greisenalter überwechseln.

Jede Übergangszeit bringt Schwierigkeiten mit sich. Wir trauern darüber, dass wir einen Teil der Errungenschaften der abgelaufenen Lebensphase verlieren. Wir sind unsicher, wieweit wir den Anforderungen der neuen Lebensphase gewachsen sind und ob wir all das lernen können, was wir brauchen, um mit den neuen Gegebenheiten fertig zu werden. In jeder Übergangsphase erleben wir einen inneren Konflikt zwischen inneren und äußeren Anstößen zur Entwicklung und unserem Wunsch, alles beim Alten und Bekannten zu lassen. Wir fühlen unsere Selbstachtung bedroht, wenn unser angestrebter Status nicht unserer wirklichen Verfassung entspricht.

Für Kinder ist diese Übergangsangst besonders bedrohlich, weil sie im Jugendalter erstmals bewusst damit beginnen, das ganze Potenzial ihres eigenen Selbst zu entdecken und zu definieren, ohne dass sie auf ein bereits bekanntes und sozusagen bewährtes Selbst zurückgreifen könnten, wie es der Erwachsene in späteren Krisenzeiten tun kann.

Im Einzelnen ist es für die Jugendlichen belastend, dass sie ihr Selbstwertgefühl nicht mehr in erster Linie davon ableiten können, dass sie die Kinder erwachsener und damit kompetenter Eltern sind. Sie müssen versuchen, sich einen eigenen Status als selbstständige Person zu erarbeiten. Sie müssen die Tatsache verarbeiten, dass der Übergangsstatus des Jugendlichen erlebnismäßig weniger wertvoll ist als der des Kindes. Sie partizipieren nämlich nicht mehr so uneingeschränkt am sozialen Prestige der Eltern und sind ungewiss, ob sie es tatsächlich einmal schaffen werden, als Erwachsener das Leben zu meistern. Kein Jugendlicher hat die objektive Sicherheit und eine Garantie dafür, dass er die Segnungen des Erwachsenen-Status einmal genießen wird. Die daraus entstehende Angst erlebt der Jugendliche oft genug als unangenehm; andererseits dient sie als «Stachel im Fleisch» dazu zu lernen, den schwierigen Weg einer langen Entwicklungszeit fortzusetzen.

Das Dilemma der Übergangssituation des Jugendlichen kann man pointiert so ausdrücken: Er strebt in erster Linie danach, ein Erwachsener zu werden, und erst in zweiter Linie danach, ein Jugendlicher zu sein.

Im Hinblick auf das eigene Selbst steht der Jugendliche vor folgenden Aufgaben:

1. Er muss eine größere Unabhängigkeit des eigenen Willens entwickeln. Dazu gehört, dass er lernt, selbstständig zu planen und Entscheidungen zu treffen, dass er seine Wertvorstellungen überprüft und erweitert und sie in Beziehung setzt zu wichtigen Lebenszielen, dass er neben den Eltern neue Quellen persönlicher und fachlicher Anerkennung findet, z. B. in Gleichaltrigen, in Ausbildern und Lehrern, dass er sich realistische Lern- und Arbeitsziele setzt; dass er lernt, Frustrationen besser auszuhalten und die vielen Widersprüche in der eigenen Lebenssituation zu akzeptieren, dass er sich selbstkritisch beurteilen und einschätzen kann, dass er auf die besondere Nachsicht, die Kindern gegenüber gewährt wird, verzichten kann.

2. Er muss die Bereitschaft entwickeln, Schritt für Schritt erwachsen zu werden und Selbstvertrauen auf der Basis zunehmenden Respekts vor dem eigenen Potenzial entwickeln.

3. Er muss langfristige Lebens- und Berufsziele ins Auge fassen.

4. Er muss unabhängiger handeln auf der Grundlage eigener Urteile und eigener moralischer Verantwortung.

Diese Aufgaben werden mehr oder weniger gern in Angriff genommen, und es ist gut, wenn wir Erwachsenen hier Hilfestellung geben. Ein Anknüpfungspunkt ist das beim Jugendlichen erwachende größere Interesse am eigenen Selbst und an seinen Gefühlen.

Das Jugendalter ist also nicht allein eine Entwicklungskrise, sondern gleichzeitig eine Zeit der Ich-Aufwertung. Alte Themen aus der frühen Kindheit tauchen erneut auf, insbesondere Abhängigkeit und Unabhängigkeit, Selbstbehauptung und Unterordnung, Erotik und Sexualität.

Für alle Erwachsenen, die mit Jugendlichen arbeiten, ist es wichtig sich klarzumachen, dass die Entwicklungsprozesse im Jugendlichen nicht von selbst stattfinden, sondern dass spezifische Ansprüche wichtiger Bezugspersonen und der kulturellen Umwelt erforderlich sind. Ihr gemeinsamer Nenner lautet etwa: «Lerne zu akzeptieren, dass du für dich selbst verantwortlich bist, dass du dich einmal aus eigener Kraft ernähren können musst. Entwickle alle deine Anlagen auf diese Ziele hin.» Um diesem kulturellen Anspruch gerecht zu werden, muss der Jugendliche die Eltern abwerten und die Bande innerer Loyalität lockern. Neue Orientierungspunkte erhält der Jugendliche in der Schule, bei Klassenkameraden und Lehrern, bei Gleichaltrigen, mit denen er in seiner Freizeit zusammenkommt, und durch die Identifikation mit nicht-familiären Vorbildern. Hier kann er darangehen, die von den Eltern übernommenen Normen zu überprüfen, ihre Brauchbarkeit zu testen und sie ggf. aufzugeben, abzuwandeln oder zu ergänzen.

Aus diesem Grund können «Interaktionsspiele» die Entwicklung des Jugendlichen außerordentlich fördern. Dadurch, dass wichtige Lebensthemen in der Gruppe der Gleichaltrigen zur Sprache kommen und unterschiedliche Erfahrungen, Einstellungen und Ziele angesprochen werden, hat der Jugendliche ausgiebig Gelegenheit, den eigenen Standort mit dem anderer zu vergleichen. Er ist nicht nur auf familiäre Anschauungen und Traditionen angewiesen, sondern kann sich fragen: Was ist sonst noch möglich? Was bewährt sich im Leben? Was will ich und was kann ich?

Werte, Ziele und Interessen

Das Kind akzeptiert die Werte der Eltern in der Regel aus Loyalität, weil es sich von den Eltern akzeptiert und beschützt fühlt. Die Übernahme elterlicher Werte ist sozusagen ein Akt der Dankbarkeit und Treue, der das Band zwischen den «allmächtigen» Eltern und dem «unvollkommenen» Kind festigt.

Der Jugendliche beginnt, die Eltern aus einer neuen Perspektive zu sehen. Er sieht ihre Stärken und Schwächen. Sie verlieren ihren Heiligenschein. Er sucht nach eigenen akzeptablen Gründen für die Beibehaltung oder Abänderung von Wertvorstellungen. Anstelle des moralischen Absolutismus des Kindes tritt langsam ein flexibleres Gewissen, das die eigenen Ansprüche ebenso ernst nimmt wie die Belange anderer. Je älter der Jugendliche wird, desto mehr sucht er nach interpersonellen Beziehungen und Verhaltensstandards, die den Grundsatz der Gegenseitigkeit und der Gleichwertigkeit betonen. Damit gibt der Jugendliche den Egoismus und das einseitige Bedürfnis nach augenblicklicher Befriedigung des Kindes auf. Es wird wichtig für ihn zu überprüfen, wieweit er und andere tatsächlich nach inneren Standards handeln, und er lernt zunehmend, Diskrepanzen zwischen erklärten Werten und Handeln zu erkennen.

Die in diesem Kapitel enthaltenen Experimente stammen zu einem Teil aus der Wertemusteranalyse, einem in Amerika entwickelten Gruppenverfahren der humanistisch orientierten Pädagogik. Die einzelnen Experimente stellen die drei wichtigsten Aspekte des Wertklärungsprozesses abwechselnd in den Vordergrund. In den meisten Experimenten geht es in erster Linie um die Überprüfung und Auswahl von Werten, wobei verschiedene Wertalternativen ins Bewusstsein der Jugendlichen kommen sollen, damit diese üben können, sich nach sorgfältiger Prüfung der Brauchbarkeit für bestimmte Werte zu entscheiden. Bei anderen Experimenten steht der Gesichtspunkt im Vordergrund, vor anderen einen bestimmten Wert zu vertreten und zu begründen, aus welchen inneren Motiven bzw. aus welchen rationalen Gründen dieser Wert betont werden soll. In allen Experimenten wird die Frage aufgeworfen, wieweit die Jugendlichen bereits auf der Basis bestimmter Werte handeln bzw. handeln wollen und mit welchen Konsequenzen sie dann zu rechnen haben. Weil die Wertklärung zu den wichtigsten Aufgaben im Jugendalter gehört, habe ich besonders viele Experimente in diesen Themenbereich aufgenommen.

Schule und Lernen

Die Schule ist in erster Linie eine Institution, die dem Jugendlichen spezifische Lebensanschauungen, Wertvorstellungen und Verhaltensweisen vermittelt, um den Fortbestand der Kultur zu sichern. Daneben fördert sie die intellektuelle Tüchtigkeit der Jugendlichen und ihre Persönlichkeitsentwicklung. Dabei hilft sie dem Jugendlichen zunächst bei seiner Ablösung von den Eltern. Als Quelle neuen Wissens, neuer Fertigkeiten und Problemlösetechniken baut die Schule das elterliche Monopol auf Allwissenheit und Wahrheit ab. Die Lehrer stehen als fremde Erwachsene zur Verfügung, die von den Jugendlichen geliebt oder gehasst werden können bzw. als Vorbild oder als abschreckendes Beispiel erlebt werden.

Eine weitere psychologische Funktion der Schule ist es, dem bewussten Willen des Jugendlichen ein geeignetes Übungsfeld anzubieten. In den seltensten Fällen kommen die Jugendlichen spielerisch durch die Institution Schule; sie müssen vielmehr ihren Willen einsetzen, um sich in schulische Rituale und Stundenpläne einzufügen und um Kenntnisse und Fertigkeiten in den Bereichen zu erwerben, für die sie kein natürliches Interesse mitbringen. Sie müssen sich auf Lehrer und Mitschüler einstellen, die sie manchmal als schwierig oder sogar unangenehm empfinden.

Schließlich hat die Schule die Aufgabe, dem Jugendlichen genügend fachliches Können zu vermitteln, sodass er sich auf die spätere Berufstätigkeit vorbereiten kann. Sie ist für ihn das Sprungbrett von dem Interimstatus des Jugendlichen zum Status des Erwachsenen mit ökonomischer Selbstständigkeit.

Für die einzelnen Jugendlichen sind Lehrer und Mitschüler die wichtigsten Partner im Lernprozess. Sie erleben den Lehrer vor allem in drei Rollen, als Vermittler des späteren Status, als Freund und als Gegner. Sie betrachten die Lehrer als wichtige persönliche Einflussfaktoren in ihrem Leben. Der Umgang mit Lehrern als nachelterlichen Autoritäten wird für die Jugendlichen leichter, wenn die Lehrer es vermeiden, psychologisch wie Eltern aufzutreten; wenn sie die Würde und Gefühle der Jugendlichen achten; wenn sie darauf verzichten, ihr überlegenes Wissen zur Einschüchterung zu gebrauchen bzw. ihre überlegene Position zur Disziplinierung der Jugendlichen. Sie können die notwendige Arbeits- und Lerndisziplin dann am besten sicherstellen, wenn sie mit den Schülern rationale und funktionale Spielregeln erarbeiten auf der Basis gegenseitiger Verpflichtung und wenn sie sich selbst vorbildlich verhalten. Die Jugendlichen beurteilen die Erwachsenen mindestens so sehr nach ihren Handlungen wie nach ihren Worten.

Um der bedeutenden Rolle, die die Lehrer für die Jugendlichen spielen, gerecht zu werden, haben wir in dieses Kapitel eine Reihe von Experimenten aufgenommen, in denen es um die Beziehung zwischen Lehrern und Schülern geht, um die gegenseitigen Erwartungen und um faire Rückkopplungsprozesse.

Neben den Lehrern sind die Mitschüler für den einzelnen Jugendlichen die wichtigsten Lernpartner. Bedauerlicherweise ist das Klima in den Schulen – besonders in den oberen Klassen – von Rivalität und Feindseligkeit ebenso geprägt wie von Verständnis und Unterstützung. Da die Anerkennung und Ermutigung durch die Altersgenossen einen wichtigen Beitrag zur Entwicklung des jugendlichen Selbstwertgefühls leisten können, sind eine Reihe von Experimenten ausgewählt worden, die der Ermutigung des Einzelnen dienen.

Schließlich beschäftigen sich eine ganze Anzahl von Experimenten mit dem Lernen selbst. Im Vergleich zu Kindern wird das Lernen Jugendlicher weniger dadurch motiviert, dass sie anderen gefallen wollen, sie möchten vielmehr ihre Tüchtigkeit erweitern, Umfang und Qualität ihrer Lernziele selbst setzen und Probleme lösen, die sie reizen. Die ausgewählten Experimente helfen den Jugendlichen, eigene innere Einstellungen zum Lernen bewusster zu erkennen, wichtige Aspekte des Lernprozesses zu verstehen und die Haltung des forschenden Lernens auszubauen.

Arbeit und Freizeit

Die Arbeit der meisten Jugendlichen hat, wie das Lernen in der Schule, immer noch einen gewissen Übergangscharakter. Oft arbeiten die Jugendlichen noch nicht in dem Tätigkeitsbereich bzw. auf der Kompetenzebene eines Berufes, die sie anstreben. Der Vorteil gegenüber dem Lernen in der Schule ist jedoch, dass der Jugendliche für seine Tätigkeit Geld bekommt und damit im eigenen Bewusstsein selbstständiger ist als der gleichaltrige Schüler. Außerdem gibt die Berufstätigkeit dem Jugendlichen häufig mehr zuverlässige Informationen über berufliche Möglichkeiten, als dies die Schule vermag, und er erhält hier nüchterne Rückmeldungen über das eigene fachliche Kompetenzniveau und über Stärken und Schwächen seiner Persönlichkeit. Die ersten Berufserfahrungen helfen ihm, Korrekturen in der bisherigen Berufsplanung vorzunehmen.

Die berufliche Praxis legt es nahe, dass der Jugendliche sich klar wird über die Ansprüche, die er an Kollegen und Vorgesetzte hat. Enttäuschungen und Erfolge und die Tatsache, dass er den größten Teil seiner Zeit mit Arbeit verbringt, veranlassen den Jugendlichen, die eigene innere Einstellung, seine Hoffnungen und Erwartungen an den Beruf schärfer zu durchdenken, als das während der Schulzeit der Fall war.

Die in diesem Kapitel zusammengestellten Experimente sind in erster Linie für die Jugendlichen gedacht, die nach Abschluss der Schule gerade in die Welt der Arbeit eingetreten sind als Auszubildende oder Anlernlinge. Sie geben dem Jugendlichen Gelegenheit, seine innere Einstellung zur Arbeit bzw. klassische Problembereiche bei der Arbeit abzuklären.

Einige wenige Experimente beziehen sich auf Fragen der Zeiteinteilung und auf die Gestaltung der Freizeit.

Ein Hinweis: Beim Kopieren sollten die Arbeitsblätter auf DIN-A4- oder DIN-A3-Format vergrößert werden.

Kapitel 1
WERTE, ZIELE UND INTERESSEN

1 ZU NEUEN UFERN

(nach Howe/Howe)

Ziele: In diesem Experiment können sich die Jugendlichen bewusst machen, welche Werte sie im menschlichen Miteinander zur Geltung bringen möchten. Sie können üben, mit anderen gemeinsame Wertvorstellungen zu entwickeln, und sie können herausfinden, welche Prioritäten sie einzelnen Werten geben wollen und können.

Teilnehmer: ab 16 Jahren

Zeit: mind. 60 Minuten

Material: Arbeitsblatt «Zu neuen Ufern»

Anleitung: Ich möchte euch ein Experiment vorschlagen, bei dem ihr euch klarmachen könnt, welche Werte ihr dem menschlichen Zusammenleben gern zugrunde legen wollt. In unserer Kultur existieren viele unterschiedliche Werte, die sich zum Teil ergänzen, zum Teil widersprechen. Unsere Eltern haben uns vermittelt, welche Werte ihnen wichtig sind, und zunächst übernehmen wir viele ihrer Maßstäbe, ohne besonders darüber nachzudenken. Je älter und erwachsener wir werden, desto mehr steht jeder vor der Aufgabe, sich klarzumachen, worauf es ihm im Leben ankommt und welche Werte er zur Richtschnur seines Handelns machen will. Nur wenn ich mir bewusst mache, was für mich persönlich wertvoll ist, kann ich – wenigstens zum Teil – dafür sorgen, dass in meinem Leben und in meiner Umgebung diese Werte berücksichtigt werden. Und nur dann kann ich mit anderen darüber verhandeln, welche Spielregeln für das Zusammenleben gelten sollen.

In unserem Experiment könnt ihr zunächst versuchen, für euch allein Antworten auf diese Fragen zu finden, um dann in kleinen Gruppen eure persönlichen Anschauungen mit denen anderer zu verbinden. Überlegt einen Augenblick, mit welchen Gruppenmitgliedern ihr nachher gern in einer Sechsergruppe arbeiten wollt…

Steht nun bitte auf und geht auf die Teilnehmer zu, mit denen ihr eine Gruppe bilden wollt. Verhandelt miteinander und kommt dann in Sechsergruppen zusammen…

Warten Sie, bis sich die Gruppe entsprechend aufgeteilt hat. Schaut euch jetzt noch einmal die Gruppe an, in der ihr nun seid, und seht euch auch die anderen Gruppen an… Seid ihr wirklich mit den Personen zusammen, mit denen ihr gemeinsam arbeiten wollt? Oder möchte der eine oder andere von euch noch einen Wechsel vornehmen?… *Greifen Sie ggf. helfend ein.*

Merkt euch, wer zu eurer kleinen Gruppe gehört und kehrt auf euren Platz zurück…

Ich möchte nun das Experiment beschreiben. Versetzt euch in der Phantasie in das vielleicht zu erwartende galaktische Zeitalter, in dem es möglich sein wird, den Weltraum zu bevölkern. Stellt euch vor, dass ihr alle zu einem neuen Planeten aufbrecht, der unserer Erde sehr ähnlich ist. Dort wird jede Kleingruppe ein riesiges Stück Land erhalten, um eine neue Zivilisation zu gründen. Die Aufgabe jeder Gruppe ist es, die wichtigsten Werte der Zivilisation unserer Erde in die neue Umgebung zu übertragen. Dabei habt ihr die Auswahl zwischen vierzehn verschiedenen Werten, die vorgegeben sind. Zunächst soll sich jeder für sich selbst darüber klar werden, welche Werte für ihn besonders wichtig sind. Dazu habe ich ein Arbeitsblatt vorbereitet, das jeder allein bearbeiten soll. Ihr habt dafür zehn Minuten Zeit…

Kommt nun in eurer kleinen Gruppe zusammen und bereitet euch auf den nächsten Teil des Experiments vor… Ihr werdet an einer Werte-Auktion teilnehmen, um für eure Zivilisation, die eure Sechsergruppe aufbauen soll, Werte zu ersteigern. Dabei kann jeder der vierzehn Werte nur einmal erworben werden. Jede Gruppe hat eintausend Punkte, die sie für die Ersteigerung ihrer Werte benutzen kann. Wenn ihr eure Punkte verbraucht habt, könnt ihr keine weiteren Werte mehr erwerben.

Überlegt euch in der Gruppe zunächst, welche Werte ihr gemeinsam für besonders wichtig haltet und einigt euch auch, wie ihr bei der Auktion vorgehen wollt, wenn ihr eure Interessen mit denen der anderen Gruppen konfrontiert seht. Habt ihr verstanden, worum es geht?…

Trefft euch nun in eurer Sechsergruppe und bereitet die Auktion vor. Für diesen Schritt habt ihr 20 Minuten Zeit… *Prüfen Sie, ob diese Zeit ausreicht und verlängern Sie sie ggf.*

Kommt jetzt wieder alle zusammen, damit ich mit der Auktion beginnen kann… *Wählen Sie einen der Werte und spielen Sie dann möglichst echt einen Auktionator, der in Zehn-Punkte-Schritten einen möglichst hohen «Preis» für die einzelnen Werte erzielen will. Bieten Sie die Werte in einer Ihnen passend erscheinenden Reihenfolge an, bis entweder alle Werte ersteigert sind oder die Gruppen keine Punkte mehr haben. Notieren Sie für jede Gruppe die ersteigerten Werte und die «gezahlten Preise».*

Die Auktion ist nun zu Ende, und ich möchte jeder Gruppe Gelegenheit geben, einige der folgenden Fragen untereinander zu diskutieren: Welche Werte haben wir ersteigert? Welche Art von Zivilisation werden wir mit ihnen haben? – Möchte ich gern in dieser Gesellschaft leben? – Wie zufrieden bin ich mit dem Vorgehen meiner Gruppe bei der Auktion? – Wie sind die Entscheidungen zustande gekommen?

Ihr habt für eure Diskussion fünfzehn Minuten Zeit...

Stoppt nun euer Gespräch und kommt zur Schlussauswertung in den großen Kreis zurück... Jeder soll am Anfang erzählen, welchen Wert er persönlich an die erste Stelle gesetzt hat...

Auswertung

- Wie hat mir dieses Experiment gefallen?
- Wann war ich am meisten engagiert?
- Welchen Wert habe ich an die erste Stelle gesetzt, und was bedeutet mir dieser Wert sonst im Leben?
- Welche dieser Werte werden in meiner Umgebung besonders geschätzt? Welche werden zu wenig ernst genommen?
- Was ist mir bei der Arbeit in meiner Gruppe aufgefallen? Was hat mir gefallen? Was hat mich gestört?
- Welche Werte haben wir in unserer Kleingruppe bei der Zusammenarbeit tatsächlich berücksichtigt?
- Welche Werte spielen in unserer Gruppe sonst eine wesentliche Rolle?
- Mit wem spreche ich im Alltag über solche Fragen?
- Hätten meine Eltern diese Werte ähnlich beurteilt wie ich?
- Was möchte ich sonst noch sagen?

Erfahrungen: Dies ist ein sehr lebendiges Experiment, das sich auch gut für Erwachsene eignet bzw. als Ausgangspunkt für eine Projektarbeit mit Jugendlichen wie zum Beispiel: «Planung einer neuen Stadt oder eines neuen Staates».

ZU NEUEN UFERN

Welche Werte möchtest du in einer neuen Zivilisation besonders betonen?
Bringe die angegebenen Werte in eine Rangreihe, indem du sie von 1 bis 14
nummerierst. Dabei soll die Ziffer 1 den Wert bezeichnen, der dir am wichtigsten ist und die Ziffer 14 den Wert, auf den du am ehesten verzichten könntest.

( )   Reichtum

( )   Gleichheit

( )   glückliches Familienleben

( )   Fortschritt

( )   Tradition

( )   Freiheit

( )   Liebe

( )   Gesundheit

( )   Frieden

( )   Gerechtigkeit

( )   Schönheit

( )   Weisheit

( )   Glück

( )   Ausbildung

2 WAS ZU EINEM FREUND GEHÖRT

(Vopel)

Ziele: Dieses Experiment hilft den Jugendlichen zu klären, welche Charakterzüge sie am anderen in einer engen Beziehung besonders schätzen. Gleichzeitig können sie üben, anderen gegenüber ihre persönlichen Präferenzen zu begründen und für ihre Überzeugungen einzutreten.

Teilnehmer: ab 14 Jahren

Zeit: ein bis zwei Stunden, je nach Gruppensituation

Material: Sie brauchen für jeden Teilnehmer eine Karte im Postkartenformat. Schreiben Sie auf jede Karte eines der nachfolgenden Persönlichkeitsmerkmale (ist die Gruppe kleiner, treffen Sie eine Auswahl): aufrichtig – lustig – selbstsicher – ordentlich – ruhig – durchsetzungsfähig – mutig – kooperativ – kreativ – treu – verantwortlich – fürsorglich – selbstständig – unabhängig – vernunftbetont – erfolgreich – neugierig – spontan – freundlich – flexibel – aufgeschlossen – hilfsbereit – zärtlich – phantasievoll – anpassungsbereit – gefühlsbetont – sinnlich – unternehmungslustig.

Anleitung: Ich möchte euch ein Experiment vorschlagen, bei dem ihr euch klarmachen könnt, welche Qualitäten ihr bei Menschen schätzt, die euch wichtig sind, insbesondere bei einem guten Freund oder einer guten Freundin. Manchmal haben unsere Freunde ähnliche persönliche Vorzüge wie wir selbst, oft stehen bei ihnen andere Eigenschaften im Vordergrund, sodass sie uns ergänzen und bereichern können.

Ich habe eine Reihe von Kärtchen vorbereitet, auf denen verschiedene Qualitäten und Eigenschaften stehen, die wir bei uns selbst und bei anderen schätzen. Ich lege sie hier in die Mitte auf den Boden…

Schaut euch die Karten an und versucht still für euch herauszufinden, welche Eigenschaft für euch persönlich bei einem guten Freund am wichtigsten ist. Lasst die Karten liegen… (ca. 5 Min.)

Setzt euch jetzt wieder hin…

Nun will ich euch den nächsten Schritt erklären: Wir werden gleich beginnen, die Karten nacheinander zu verteilen. Wer eine bestimmte Karte haben möchte, weil sie die für ihn wichtigste Qualität eines Freundes beinhaltet, kann z. B. sagen: «Ich möchte die Karte ‹fürsorglich› haben. Gibt es noch jemanden, der diese Karte für sich haben will?» Wenn kein anderer diese Karte beansprucht, dann soll der einzige Bewerber der Gruppe kurz erklären, warum diese Qualität für ihn besonders wichtig ist. Die übrigen Teilnehmer können durch Fragen sicherstellen, dass sie den Betreffenden genau verstehen. Nun kann es vorkommen, dass zwei oder sogar mehrere Gruppenmitglieder dieselbe Karte wünschen. In diesem Fall begründet jeder seinen Wunsch, und dann müssen die Beteiligten gemeinsam herausfinden, für wen diese Eigenschaft eines Freundes wohl am wichtigsten ist. So könnte z. B. jemand sagen: «Ich möchte einen treuen Freund. Die letzten Freunde, die ich hatte, haben sich alle als unzuverlässig erwiesen. Ich falle leicht auf Typen herein, die eine starke Show abziehen und dann nicht halten können, was sie versprechen. Ich will es einmal mit anderen probieren, die einen längeren Atem haben.» Ein anderer sagt vielleicht: «Ich brauche einen treuen Freund, weil ich zu Hause niemanden habe, mit dem ich sprechen kann und der auch einmal für mich da ist. Meine Eltern streiten sich viel, und ich habe niemanden, der zu mir hält.» Prüft sorgfältig, ob ihr selbst oder aber ein anderer stärker auf diese spezielle Eigenschaft eines Freundes angewiesen ist. Wenn ihr es besonders schwer habt, euch zu einigen, können auch andere Gruppenmitglieder ihre Eindrücke und Gedanken mitteilen. Habt ihr verstanden, was ich meine?…

Wenn Teilnehmer sich nicht auf Anhieb einigen können, sollten Sie selbst Ihre Gedanken mitteilen oder die Gruppe auffordern, Assoziationen und Beobachtungen beizusteuern. Dabei ist es jedoch wichtig, dass alle diese Bemerkungen als Anregung verstanden werden und nicht als Anweisung. Manchmal ist es wichtig, eine festgefahrene Verhandlung über eine Karte zu vertagen und an anderen Karten weiterzuarbeiten.

Wer immer eine Karte für sich beansprucht, seine Begründung abgegeben und keine Mitbewerber (mehr) hat, kann diese Karte an sich nehmen.

Auswertung

- Wie habe ich herausgefunden, was für mich die wichtigste Eigenschaft eines Freundes ist?
- Wieweit verfüge ich selbst über diese Eigenschaft?
- Habe ich einen Freund, der über diese Eigenschaft verfügt?
- Was war für mich in dieser Sitzung am wichtigsten?
- Gab es in unserer Gruppe bei der Verteilung der Karten genügend Verständnis füreinander?

Erfahrungen: Dieses Experiment setzt voraus, dass sich die Teilnehmer gut kennen und dass sie genügend Vertrauen zueinander haben, um sich über diesen für sie so wichtigen Lebensbereich auszutauschen. Die Situation, in der mehrere Bewerber dieselbe Karte wünschen, erfordert Geschick und Geduld vonseiten der Nichtbeteiligten, da die Frage nach der größeren Bedürftigkeit von Einzelnen z. T. viel Einfühlungsvermögen, Selbsterkenntnis und Taktgefühl verlangt.

3 WERTE ÜBERPRÜFEN

(nach Howe/Howe)

Ziele: In diesem Experiment können die Jugendlichen einige Wertvorstellungen identifizieren, die sie von wichtigen Bezugspersonen übernommen haben. Diese Wertvorstellungen beziehen sich auf Lebensbereiche, die für die Jugendlichen bedeutungsvoll sind. Sie können dann Vergleiche anstellen, welche Wertvorstellungen andere haben, um das Bewusstsein für Alternativen zu entwickeln. In einem nächsten Schritt werden sie angeregt, die Quellen dieser Überzeugungen zu erkennen, um dann kritisch zu fragen, wieweit sie diesen Wertvorstellungen auf ihrer gegenwärtigen Entwicklungsstufe noch zustimmen.

Teilnehmer: ab 16 Jahren

Material: Arbeitsblatt «Werte überprüfen»

Zeit: ca. 90 Minuten

Anleitung: Ich möchte euch zu einem Experiment einladen, bei dem ihr euch klarmachen könnt, welche wichtigen Überzeugungen ihr in bestimmten Lebensbereichen habt und von wem ihr sie übernommen habt. Werte erfinden wir in den seltensten Fällen selbst, wir begegnen ihnen vielmehr im Laufe unseres Lebens, wenn wir sehen, wie andere handeln, was sie denken oder sagen. Manche dieser Werte, die wir in unserer Kindheit übernommen haben, bewähren sich auch im Laufe unseres Lebens und helfen uns, das Leben zu meistern und glücklich zu werden. Andere erweisen sich als weniger praktisch. Dann tun wir gut daran, einem solchen Wert weniger Bedeutung beizumessen oder ihn ganz und gar aufzugeben. Es könnte zum Beispiel sein, dass mir meine Mutter beigebracht hat: «Sei immer bescheiden und nimm dich nicht so wichtig!» Mit einem solchen Wert neige ich dazu, mich unauffällig anzupassen und meine eigenen Wünsche und Interessen hinter denen anderer zurückzustellen. In der Kindheit bekomme ich dafür vielleicht Anerkennung, weil ich andere «nicht störe», aber es ist sehr schwer, mit dieser Wertvorstellung ein zufriedener Erwachsener zu werden, der zu einer guten Partnerschaft in der Lage ist, der Kinder großziehen kann und beruflich tüchtig ist. Ich denke, ihr versteht, was ich meine.

Ich gebe euch jetzt ein Arbeitsblatt, «Werte überprüfen», das ihr bitte zunächst nur ansehen sollt…

Füllt nun bitte die erste Spalte aus, über der steht: «Welche Grundsätze habe ich gelernt?» Schreibt für jeden der angegebenen Bereiche eine Überzeugung auf, die ihr im Laufe eures Lebens gelernt habt. Um die anderen Spalten braucht ihr euch noch nicht zu kümmern. Ihr habt zehn Minuten Zeit dafür…

Überlegt euch nun kurz, mit welchen anderen Gruppenmitgliedern ihr zu sechst zusammenarbeiten wollt... Steht auf und kommt in Sechsergruppen zusammen... Setzt euch in eurer Kleingruppe zusammen und teilt einander mit, was ihr aufgeschrieben habt. Sprecht über Ähnlichkeiten und Unterschiede in euren Überzeugungen. Ihr habt für euer Gespräch eine halbe Stunde Zeit...

Nun sollt ihr zunächst allein weiterarbeiten und die Spalten 2 und 3 ausfüllen. Gebt an, von wem ihr eine bestimmte Überzeugung übernommen habt, zum Beispiel vom Vater, von der Mutter, vom Pfarrer oder einem Freund. Wenn ihr eine Überzeugung selbst durch eigene Erfahrung entwickelt habt, dann gebt das an. Notiert danach in der 3. Spalte, wie es zur Übernahme dieser Werte gekommen ist, ob ihr den Wert von einer Autorität beigebracht bekommen habt, ob ein Vorbild diesen Wert praktizierte oder ob ihr selbst auf diesen Wert zufällig oder nach reiflicher Überlegung gekommen seid. Ihr habt fünfzehn Minuten Zeit für diese Aufgabe...

Schaut euch nun eure Antworten still an und seht, ob euch irgendetwas auffällt. Dabei können euch folgende Fragen helfen:

Von wem habe ich besonders viele Werte übernommen? – Von wem stammen Werte, die ich heute bezweifle oder ablehne? – Gibt es wichtige Menschen, von denen ich hier keine Werte aufgeführt fand? – In welchem Ausmaß bejahe ich die angegebenen Werte? *Schreiben Sie diese Fragen für alle sichtbar auf.*

Nehmt euch fünf Minuten Zeit, die Antworten in den Spalten 2 und 3 zu bedenken und zu analysieren...

Nun habt ihr noch einmal eine Viertelstunde Zeit, um in eurer Kleingruppe darüber zu sprechen, was ihr herausgefunden habt...

Kommt nun im großen Kreis zur Schlussauswertung zusammen...

Auswertung

- Wie hat mir das Experiment gefallen?
- Habe ich etwas Neues über mich erfahren?
- Was war besonders wichtig für mich?
- Möchte ich in Zukunft etwas anders machen?
- Was möchte ich sonst noch sagen?

Erfahrungen

Dieses Experiment eignet sich für alle Gruppen. Die Diskussion in den Kleingruppen wird in der Regel sehr angeregt verlaufen, sodass unter Umständen mehr Zeit benötigt wird.

WERTE ÜBERPRÜFEN

Welche Grundsätze habe ich gelernt?	Von wem stammen diese Überzeugungen?	Wie sind sie zustande gekommen? Gib das passende Stichwort an. *
Geld:		
Liebe:		
Zeit:		
Sexualität:		
Religion:		
Politik:		
Arbeit:		
Freunde:		
Glück:		

*) zu Spalte 3:
Autorität: Dieser Wert wurde mir beigebracht.
Vorbild: Dieser Wert wurde mir von jemandem vorgelebt.
Naive Wahl: Ich habe diesen Wert selbst spontan gewählt.
Überlegte Wahl: Ich habe diesen Wert nach sorgfältiger Prüfung gewählt.

Arbeitsblatt «Werte überprüfen»

4 BESITZ

(Vopel)

Ziele: In diesem einfachen Experiment können die Jugendlichen herausfinden, was ihnen von ihrem Hab und Gut im Augenblick am meisten am Herzen liegt.

Teilnehmer: ab 12 Jahren

Zeit: ca. 10 Minuten

Anleitung: Ich möchte euch zu einem kurzen Phantasieexperiment einladen, bei dem ihr euch klarmachen könnt, was euch zur Zeit von all euren Besitztümern besonders wichtig ist.

Nimm eine bequeme Körperhaltung ein, im Sitzen oder im Liegen…

Schließ jetzt die Augen und konzentriere dich auf deinen Körper… Wende deine Aufmerksamkeit nach innen und finde heraus, was in deinem Körper geschieht… (30 Sek.)

Ist deine Lage bequem? Versuche, eine noch bequemere Lage zu finden… Fühlst du dich entspannt? Wenn irgendein Teil deines Körpers noch angespannt ist, dann versuche loszulassen… Wenn dir das nicht gelingt, spanne ihn ganz bewusst kräftig an – und lass dann los… Wiederhole das einige Male… (30 Sek.)

Achte nun auf deinen Atem… Wie atmest du?… Empfinde, wie die Luft durch die Nase oder den Mund einströmt… Fühle, wie sie durch deinen Hals in deine Brust und in deinen Bauch flutet… Nun stell dir vor, dass dein Atem kommt und geht, wie sanfte Wellen am Ufer des Meeres und dass mit jedem Atemzug etwas von der Spannung aus deinem Körper fließt… Bemerke, wie du dich mehr und mehr entspannst… (30 Sek.)

Stell dir nun vor, dass du mit deinen Eltern von einem Ausflug nach Hause zurückkehrst… Als ihr in eure Straße einbiegt, bemerkt ihr, dass aus dem Haus, in dem ihr wohnt, Rauch quillt. Ihr seht, dass der Dachboden brennt… Ihr könnt noch ohne große Gefahr eure Wohnung betreten, um wichtige Sachen zu retten. Ehe du mit deinen Eltern die wichtigsten gemeinsamen Dinge in Sicherheit bringst, gehst du, um von deinen eigenen persönlichen Sachen etwas zu retten, was für dich ganz besonders wertvoll ist. Welche zwei Gegenstände möchtest du für dich auf jeden Fall retten?… Geh und schau dich um und entscheide, worauf es dir besonders ankommt… (30 Sek.)

Nimm nun die beiden Gegenstände in der Phantasie mit hierher in den Raum. Die Feuerwehr ist rechtzeitig eingetroffen und hat dein Elternhaus vor der Zerstörung bewahrt. Schau dir in der Phantasie deine beiden geretteten Gegenstände gut an… Was bedeuten sie für dich?… Was ermöglichen sie dir?… Was empfindest du, wenn du dich auf sie konzentrierst?… (2 Min.)

Behalte beide Gegenstände gut im Gedächtnis und komm dann langsam mit deiner Aufmerksamkeit zur Gruppe zurück... Öffne die Augen und schau dich in der Gruppe um... Wer möchte uns erzählen, welche Gegenstände er in Sicherheit gebracht hat?...

Auswertung

- Wie hat mir das Experiment gefallen?
- Welche Gegenstände hätte ich vor fünf Jahren gerettet?
- Welche Gegenstände würde mein Vater für sich persönlich (meine Mutter für sich persönlich) retten wollen?
- Was bedeuten die geretteten Gegenstände für mich?
- Woher stammen sie?
- Was möchte ich sonst noch sagen?

5

MANN/FRAU DER ZUKUNFT
(nach Koberg/Bagnall)

Ziele: Was wir wirklich im Leben schätzen, können wir oft an unseren Zukunftsträumen deutlicher ablesen als bei einer Analyse unserer aktuellen Gewohnheiten und Handlungsweisen. Dieses einfache Experiment hilft den Jugendlichen, einiges von dem zu klären, was für sie im Leben zählt.

Teilnehmer: ab 13 Jahren

Zeit: ca. eine Stunde

Material: große Bögen Zeichenpapier und Ölkreiden

Anleitung: Heute sollt ihr ein Bild von euch selbst malen. Es soll euch so zeigen, wie ihr in zehn Jahren in euren kühnsten Träumen aussehen werdet. Ihr könnt ein Strichmännchen zeichnen, wenn ihr es wollt. Es ist bei diesem Bild nicht wichtig, dass es besonders schön wird; es geht vielmehr darum, dass die Bilder euch zu klären helfen, worauf es euch im Leben wirklich ankommt, was für euch zählt. Habt ihr verstanden, was ich meine?…

Ich möchte noch einige Wünsche zu den Bildern äußern: Versucht, in euren Bildern Antworten auf folgende Fragen zu geben: Wie möchtest du dich kleiden? – Was möchtest du tun? – Was möchtest du sagen? – Wo möchtest du leben? – Mit welchen Leuten möchtest du zusammen sein? – Welche Dinge sollen dich umgeben? – Wie willst du deine Freizeit verbringen? – Wie soll dein Arbeitsplatz aussehen? *Schreiben Sie diese Fragen für alle sichtbar auf.*

Schließlich sollt ihr auf euer Bild ein paar Sätze schreiben, die die verschiedenen Teile eures Zukunftstraumes miteinander verbinden und ihre Bedeutung für euer Leben zum Ausdruck bringen. Zum Beispiel könnt ihr schreiben: «Ich möchte in einem großen Haus leben, eine schöne Frau und viele Kinder haben. Beruflich möchte ich als Konstrukteur arbeiten und neue Verkehrsmittel entwickeln, die mit anderen Formen der Energie auskommen.» Oder ihr könnt schreiben: «Ich möchte anderen Menschen helfen. Ich möchte in einem Land der Dritten Welt leben und dort als Ärztin arbeiten. Ich möchte keine eigenen Kinder haben, sondern mich mit meinem Partner gemeinsam um die Kinder kümmern, die es dort gibt und denen es schlecht geht.»

Habt ihr verstanden, was ich meine?… Ihr habt dafür 20 Minuten Zeit…

Jetzt kommt zum Kreis zurück und sucht euch einen Partner, mit dem ihr euch über euer Bild unterhalten wollt… Ihr habt für den Austausch 15 Minuten Zeit…

Nun beendet euer Gespräch und kommt zum Kreis zurück… Hängt bitte eure Bilder an den Wänden auf…

Nacheinander soll jetzt jeder allen anderen in der Gruppe das Bild seines Partners erklären. Er hat dafür zwei Minuten Zeit. So können wir alle mehr voneinander erfahren und sehen, welche ähnlichen oder unterschiedlichen Wünsche wir in Bezug auf die Zukunft haben...

Auswertung

• Wie hat mir dieses Experiment gefallen?
• Wann war ich am eifrigsten bei der Sache?
• Was sagen die einzelnen Bestandteile meines Bildes über meine gegenwärtigen Wertvorstellungen?
• Welche Werte stecken in meinen Wünschen?
• Wenn ich diese Werte in eine Rangreihe bringe, dann sind die ersten drei folgende...
• Wie werde ich mich fühlen, wenn dieser Wunschtraum in Erfüllung geht?
• Was sind die Vorteile dieses Lebens, und was werden seine Nachteile sein?
• Wessen Zukunftstraum hat mich angesprochen?
• Wer hat einen ähnlichen Zukunftstraum wie ich?
• Was möchte ich sonst noch sagen?

Erfahrungen: Die einfache Struktur dieses Experimentes bietet einen idealen Ausgangspunkt für die Analyse von Wertvorstellungen in verschiedenen Lebensbereichen. Um das Wertgefüge des Einzelnen noch deutlicher werden zu lassen, können Sie zusätzlich von jedem Teilnehmer einen Wertekatalog auf der Grundlage des Bildes erarbeiten und die einzelnen Werte anschließend in eine Rangreihe bringen lassen. Helfen Sie die Frage zu klären: Welche Konsequenzen ergeben sich aus meinem höchsten Wert für mein Leben?

6 | # MEINE STARS
(nach Howe/Howe)

Ziele: Das Experiment regt die Jugendlichen an, sich klarzumachen, welche «Helden» für sie wichtig sind und welche Werte durch diese Figuren des öffentlichen Lebens für sie symbolisiert werden.

Oft verkörpert der «Star» für uns Qualitäten, die wir uns nicht selbst zu realisieren trauen. Helfen Sie den Jugendlichen, zunächst zu erkennen, dass sie weitaus mehr Qualitäten haben als sie glauben. Regen Sie sie an, Mittel und Wege zu finden, diese Qualitäten selbst stärker zu entwickeln. Wenn ich zum Beispiel Eminem als Künstler schätze, dann kann ich mir vielleicht klarmachen, dass ich an ihm vor allem bewundere, dass er sich als Angehöriger einer nicht privilegierten Gruppe künstlerisch durchsetzen konnte. In einem nächsten Schritt kann ich mir dann sagen: «Ich muss mich nicht bei Millionen durchsetzen, aber wer sind die Menschen, bei denen es mir wichtig ist, mich durchzusetzen?» Und vielleicht merke ich, dass ich in einigen mir wichtigen Punkten von den Anschauungen meiner Eltern abweiche und mich nicht traue, ihnen das zu sagen. Ich kann mir dann vornehmen, hier einmal mehr zu riskieren.

Teilnehmer: ab 12 Jahren

Zeit: ca. 40 Minuten

Material: Arbeitsblatt «Meine Stars»

Anleitung: Ich möchte euch ein Experiment vorschlagen, das «Meine Stars» heißt. Ihr könnt dabei herausfinden, welche Helden ihr habt, was sie für euch bedeuten, warum sie für euch wertvoll sind und wie ihr vielleicht in euer eigenes Leben etwas von dem Glanz jener Stars bringen könnt. Ich habe ein Arbeitsblatt für euch vorbereitet, das ihr zunächst ausfüllen sollt. Ihr habt dafür fünfzehn Minuten Zeit…

Nun kommt in Vierergruppen zusammen und tauscht euch darüber aus, was ihr aufgeschrieben habt. Ich rechne damit, dass ihr bei der Beantwortung der letzten Frage Schwierigkeiten hattet. Wir können nachher im großen Kreis gerade über diesen Punkt ausführlicher miteinander sprechen. Für euer Gespräch in der Kleingruppe habt ihr 20 Minuten Zeit…

Kommt nun zum großen Kreis zurück… Konzentrieren wir uns bei unserer gemeinsamen Auswertung vor allem auf eure Überlegungen zur letzten Frage des Arbeitsblattes…

Auswertung

- Wie hat mir das Experiment gefallen?
- Welche Werte schätze ich an meinen Stars?
- Kehrt ein und derselbe Wert mehrfach wieder?
- Verkörpern die Stars meiner Eltern dieselben Werte wie meine?
- Welche Bedeutung haben Stars für die menschliche Gesellschaft?
- Wieweit können sie mir nützen und wieweit schaden?
- Was war an diesem Experiment besonders wichtig für mich?
- Was möchte ich sonst noch sagen?

Erfahrungen: Dieses Experiment ist recht einfach bis auf die Pointe, die in der letzten Frage des Arbeitsblattes steckt. Viele Jugendliche empfinden einen inneren Widerstand gegen die Einsicht, dass sie ihr eigenes Potenzial wenigstens zum Teil an die Stars abgetreten haben. In diesem Fall ist es eine vergnügliche und psychologisch wirksame Taktik, wenn Sie einzelne Teilnehmer ermutigen, ihre Stars vorzuspielen, um auf diese Weise unmittelbaren und gefühlsmäßigen Kontakt zu unbewussten inneren Wünschen und Möglichkeiten herzustellen.

MEINE STARS

	Sportler	Schriftsteller	Popstar	Politiker	Sonstige
Zur Zeit schätze ich am meisten					
Vor fünf Jahren schätzte ich am meisten					
Am meisten bewundere ich an meinem Star, dass er...					
Wieweit kann ich in kleinem Maßstab das verwirklichen, was meinen Star auszeichnet?					

Bitte notiere, welche Stars jeweils in Frage kommen. Schreibe dann auf, was du an deinen Stars besonders schätzt und wie du ihre Vorzüge in deinem eigenen Leben mehr zur Geltung bringen kannst.

Arbeitsblatt «Meine Stars»

ELF GEBOTE
(Vopel)

Ziele: Unser Tun und Lassen wird von unseren Gefühlen, Stimmungen und Wünschen ebenso bestimmt wie von ethischen Grundsätzen, mit denen uns die kulturelle und religiöse Überlieferung konfrontiert. Für jeden Erwachsenen ist es sinnvoll, wenn er aus der Fülle ethischer Prinzipien diejenigen bewusst auswählt und zur Richtschnur seines Handelns macht, die er mit seiner Existenz verbinden möchte, weil sie in einem umfassenden Sinn zu ihm «passen».

Jugendliche haben in besonderem Maße die Aufgabe, die Werthaltungen ihrer Autoritäten, die sie in früheren Jahren oft ungeprüft übernommen haben, bewusst ins Auge zu fassen und erste Schritte zu einer Neuordnung des eigenen Wertekanons zu tun. Dabei kann dieses Experiment helfen.

Teilnehmer: ab 15 Jahren

Zeit: ca. 20 Minuten

Material: Papier und Bleistift; Arbeitsblatt «Elf Gebote»

Anleitung: Ich möchte euch zu einem Experiment einladen, das «Elf Gebote» heißt. Ihr bekommt hier Gelegenheit, euch bewusst zu machen, was ihr von den klassischen moralischen Prinzipien haltet und welche für euch im Vordergrund stehen bzw. welche nicht so wichtig für euch sind. Außerdem könnt ihr euch fragen, ob es irgendeinen moralischen Grundsatz gibt, der im Rahmen der biblischen Gebote nicht ausgedrückt wird, der jedoch für euch von großer Bedeutung ist.

Ich habe ein Arbeitsblatt für euch vorbereitet und bitte euch, es entsprechend den Anweisungen zu bearbeiten. Ihr habt dafür fünfzehn Minuten Zeit…

Nun soll jeder in einem Rundgang mitteilen, welches Gebot er an die erste Stelle gesetzt und welches Gebot er als elftes hinzugefügt hat…

Auswertung
• Wie hat mir das Experiment gefallen?
• Habe ich etwas Neues gelernt?
• Mit wem unterhalte ich mich im Alltag über solche Fragen?
• Welches Gebot würde mein Vater (meine Mutter) an die erste Stelle setzen?
• Welche Erfahrungen haben mich zur Auswahl des 11. Gebotes veranlasst?
• Weshalb brauchen die Menschen solche Grundsätze
• Was sind die Vor- bzw. die Nachteile, wenn der Einzelne ausschließlich selbst entscheidet, von welchen Grundsätzen er sein Handeln leiten lassen will?

ELF GEBOTE

Im Folgenden sind die Zehn Gebote in der Reihenfolge nach Luthers Kleinem Katechismus abgedruckt.

Bitte bringe sie in die Rangfolge, die deiner persönlichen Überzeugung entspricht. Notiere in den Klammern am Ende der Zeilen, welche Position dieses Gebot haben soll.

1. Ich bin der Herr, dein Gott. Du sollst nicht andere Götter haben   ( )
   neben mir.

2. Du sollst den Namen des Herrn, deines Gottes, nicht unnützlich führen, ( )
   denn der Herr wird den nicht ungestraft lassen, der seinen Namen
   missbraucht.

3. Du sollst den Feiertag heiligen.   ( )

4. Du sollst deinen Vater und deine Mutter ehren, auf dass dir's wohl   ( )
   gehe und du lange lebest auf Erden.

5. Du sollst nicht töten.   ( )

6. Du sollst nicht ehebrechen.   ( )

7. Du sollst nicht stehlen.   ( )

8. Du sollst nicht falsch Zeugnis reden wider deinen Nächsten.   ( )

9. Du sollst nicht begehren deines Nächsten Haus.   ( )

10. Du sollst nicht begehren deines Nächsten Weib, Knecht, Magd, Vieh   ( )
    oder alles, was sein ist.

Bitte überprüfe, ob irgendein für dich wichtiger Grundsatz in den Zehn Geboten fehlt. Wenn das der Fall ist, füge diesen Grundsatz als 11. Gebot hinzu:

11. ....

Begründe kurz die von dir gewählte neue Reihenfolge der biblischen Gebote. Erläutere insbesondere deine Entscheidung für das dir wichtigste Gebot.

....

....

....

Begründe, weshalb du ein 11. Gebot hinzugefügt hast bzw. weshalb du keine Ergänzung vorgenommen hast.

....

....

....

MEIN SÜNDENREGISTER
(Vopel)

Ziele: Unsere moralischen Überzeugungen werden besonders deutlich, wenn wir uns darauf konzentrieren, was wir als unsere Schattenseite bezeichnen, auf unsere Verfehlungen und Unterlassungen. In gewisser Weise sind wir selbst unser strengster Kritiker und Richter, sodass es angebracht ist, gelegentlich eine Revision vorzunehmen, um allzu strenge Urteile aufzuheben. Unser innerer Richter spricht manchmal mit Stimmen und Argumenten, die uns fremd sind. Dabei handelt es sich dann oft um die Stimmen von Vater oder Mutter, Lehrer, Pfarrer, Ausbilder u. a. Wir tun gut daran, genau zu überprüfen, ob wir uns selbst kritisieren, weil wir uns nicht an Grundsätze gehalten haben, die wir nach reiflicher Prüfung für wichtig halten, oder ob wir lediglich Prinzipien verletzt haben, die nach der Meinung anderer zu beachten sind.

Gerade Jugendlichen neigen oft zu moralischem Rigorismus. Dieses Experiment kann ihnen helfen, zu einer reflektierteren Einstellung in Bezug auf «gut» und «böse» zu gelangen.

Teilnehmer: ab 16 Jahren

Zeit: ca. 45 Minuten

Material: Arbeitsblatt «Mein Sündenregister»

Anleitung: Ich möchte euch heute Gelegenheit geben, sozusagen in alten inneren Gerichtsakten zu blättern. Jeder von uns tut in seinem Leben Dinge, die er später bereut, weil sie zu unangenehmen Konsequenzen für ihn und andere geführt haben oder weil er gegen innere Grundsätze verstoßen hat. Anschließend machen wir uns oft bittere Vorwürfe und klagen uns selbst an, oft strenger als andere das tun würden. Manchmal gehen wir sogar so weit, dass wir zu negativen allgemeinen Schlussfolgerungen über uns kommen, etwa in dieser Art: «Du bist eben dumm» – «Du wirst noch schlimm enden» – «Du taugst nichts» etc. Solche Urteile stammen oft nicht wirklich von uns selbst, wir haben diese zerstörerischen Botschaften vielmehr früh von anderen gehört und sprechen sie immer noch nach. Auf diese Weise können wir unser Selbstwertgefühl drastisch beeinträchtigen und laufen damit Gefahr, unerwünschte und schädliche Handlungen immer wieder zu begehen. Habt ihr verstanden, was ich meine?…

In unserem Experiment könnt ihr in aller Ruhe innere Bilanz ziehen und eure sogenannten Verfehlungen aus der Sicht des heutigen Tages neu unter die Lupe nehmen. Vielleicht könnt ihr euch in einigen Punkten «mildernde Umstände» geben oder sogar einige kritische Urteile ganz aufheben.

Ich habe ein Arbeitsblatt vorbereitet, das ihr in den nächsten 30 Minuten bearbeiten sollt. Damit ihr wirklich frei arbeiten und ehrlich euch selbst gegenüber sein könnt, möchte ich euch zusichern, dass ihr eure Antworten – soweit ihr das wünscht – für euch behalten könnt… (30 Min.)

Kommt jetzt zum großen Kreis zurück… Sucht euch einen Partner, mit dem ihr euch austauschen wollt. Ihr habt fünfzehn Minuten Zeit für euer Gespräch. Entscheidet selbst, was ihr eurem Partner mitteilen bzw. was ihr für euch behalten wollt…

Kommt nun zum großen Kreis zurück, damit wir zusammen die Schlussauswertung vornehmen können…

Auswertung

- Wie hat mir das Experiment gefallen?
- Wie habe ich gefühlsmäßig auf die gestellte Aufgabe reagiert?
- Welche Gefühle konnte ich bei mir feststellen?
- Habe ich mich zu irgendeinem Zeitpunkt erleichtert gefühlt?
- Welcher Teil der Aufgabe war für mich besonders schwer?
- Habe ich etwas Neues gelernt?
- Nach welchen Gesichtspunkten habe ich die Rangreihe meiner «Sünden» aufgebaut?
- Habe ich bisher in meinem Leben gelernt, offen und kritisch über moralische Probleme zu sprechen?
- Wie hat mir der Austausch mit meinem Partner gefallen?
- Wie offen wollte ich sein?
- Warum ist es wichtig zu lernen, sich selbst zu verzeihen?
- Was möchte ich sonst noch sagen?

Erfahrungen: Das ist ein schwieriges, gleichwohl lohnendes Experiment, das Sie nur dann erproben sollten, wenn Sie selbst in diesem heiklen Bereich zu einer lebensfreundlichen Haltung gefunden haben. Sie müssen darauf vorbereitet sein, dass einigen Jugendlichen belastendes Material ins Bewusstsein kommt, das starke Gefühle von Ärger und Trauer auslösen kann.

MEIN SÜNDENREGISTER

Bitte notiere stichwortartig die schlimmsten Dinge, die du in deinem Leben getan hast:

....
....
....
....
....
....
....
....
....
....

Nun bringe deine «Sünden» in eine Rangreihe und gib der schlimmsten Tat die Nummer 1, der zweitschlimmsten die Nummer 2 usw.

Such dir nun eine von deinen «Sünden» aus, die dich innerlich noch beschäftigt und mit der du dich näher befassen möchtest. Schreibe sie auf:

....
....
....
....

Wenn deine Mutter von dieser Tat wüsste: Was würde sie sagen?

....
....
....
....

Wenn dein Vater von dieser Tat wüsste: Was würde er sagen?

....
....
....
....

Was hast du selbst zu dieser Tat gesagt, als du sie begangen hast?

....
....
....
....

Arbeitsblatt «Mein Sündenregister»

Vergleiche die Reaktionen deiner Eltern mit der eigenen: Gibt es so etwas wie einen gemeinsamen Nenner?

....

....

....

....

Nun betrachte deine Tat aus einer bewusst neutralen Einstellung: Welche Werte hast du durch deine Tat verletzt?

....

....

....

....

Gibt es auch Werte, die du durch deine Tat verteidigt hast? Welche sind das?

....

....

....

....

Erörtere nun Pro und Contra deiner Tat in wenigen Sätzen:

....

....

....

....

....

....

....

Bist du bereit, dir diese Tat heute zu verzeihen? Versuche, dir selbst in einigen Sätzen Amnestie zuzusprechen:

....

....

....

....

....

....

....

....

WENN ICH GOTT WÄRE

(nach Goodman)

Ziele: Dieses projektive Experiment hilft den Jugendlichen, wichtige Werthaltungen zu identifizieren.

Teilnehmer: ab 12 Jahren

Zeit: ca. 40 Minuten

Material: Arbeitsblatt «Wenn ich Gott wäre»

Anleitung: Ich möchte euch zu einem Experiment einladen, bei dem ihr eure Phantasie einsetzen könnt, um herauszufinden, was ihr über die Welt denkt, in der ihr lebt, worauf es euch ankommt, was ihr möchtet und was ihr nicht möchtet. Ich habe ein Arbeitsblatt vorbereitet und bitte euch, es zu bearbeiten. Ihr habt dafür fünfzehn Minuten Zeit…

Kommt nun zurück und sucht euch andere Teilnehmer aus, mit denen ihr in einer Kleingruppe arbeiten wollt. Kommt möglichst in Vierergruppen zusammen… Tauscht euch nun über eure Ausarbeitungen aus. Ihr habt für euer Gespräch 20 Minuten Zeit…

Nun stoppt und kommt zum Kreis zurück… Jeder soll in einem Rundgang mitteilen, was er an die erste Stelle seiner Rangordnung gesetzt hat…

Auswertung

- Wie hat mir das Experiment gefallen?
- Welche Werte sind mir besonders wichtig?
- Welche Art Gott wäre ich? Welches Adjektiv würde mich am zutreffendsten beschreiben?
- Für welchen der Werte setze ich mich im Alltag tatkräftig ein?
- Wie würde die Welt aussehen, die ich als dieser Gott regieren würde?
- Wer in der Gruppe hat ähnliche Werte wie ich an die Spitze gestellt?
- Welche Werte bestimmen das Klima in unserer Gruppe?
- Welche Werte kommen meiner Meinung nach hier bei uns zu kurz?
- Was kann ich tun, um die Werte stärker zur Geltung zu bringen, die mir wichtig sind?
- Was wäre der Kommentar von meinem Vater bzw. meiner Mutter zu dem, was ich aufgeschrieben habe?
- Was möchte ich sonst noch sagen?

WENN ICH GOTT WÄRE

Stell dir vor, dass du der allmächtige, alles wissende Gott der Welt bist. Bitte beende den folgenden Satz, indem du nacheinander die angegebenen Verben verwendest:

Wenn ich Gott wäre, würde ich…

akzeptieren, dass ....
....

aufgeben, ...
....

respektieren, dass ....
....

verstehen, dass ....
....

weiterhin beibehalten ....
....

vergessen, dass ....
....

Folgendes ändern ....
....

Folgendes ersetzen ....
....

Folgendes beenden ....
....

planen, dass ....
....

ausschließen, dass ....
....

mich erinnern, dass ....
....

wertschätzen ....
....

verteidigen ....
....

damit beginnen ....
....

Bring diese Aussagen dann in eine Rangreihe, indem du sie nummerierst und der wichtigsten Aussage die Nummer 1 gibst usw.

MEDITATION ÜBER SCHÖNHEIT
(nach Hendricks/Roberts)

Ziele: Dieses Meditationsexperiment hilft den Jugendlichen, sich das Erlebnis ästhetischer Schönheit und die damit verbundenen Gefühle ins Gedächtnis zu rufen. Es eignet sich zum einen, um mit einer Gruppe das Thema ästhetischer Werte zu bearbeiten, zum anderen hilft es am Anfang eines Tages, dass die Teilnehmer eingestimmt werden. Am Ende einer Arbeitseinheit trägt es außerdem dazu bei, dass sie mit einem positiven Gefühl auseinandergehen können.

Teilnehmer: ab 15 Jahren

Zeit: ca. 20 Minuten

Anleitung: Ich möchte euch zu einem Experiment einladen, bei dem ihr euch darauf besinnen könnt, wie ihr auf Schönheit reagiert.

Legt euch auf den Boden, macht es euch bequem und schließt die Augen… Damit ihr wirklich frei atmen könnt, öffnet die Kleidungsstücke, die euch einengen… *Machen Sie bei den folgenden Anweisungen an den durch Punkte gekennzeichneten Stellen jeweils eine Pause von ca. 20 Sekunden.*

Konzentriert euch auf eure Füße und bewegt sie ein wenig. Stellt fest, wie sich eure Füße anfühlen. Erlaubt euren Füßen, sich zu entspannen…

Nun konzentriert euch auf eure Beine. Erlaubt ihnen ebenfalls, sich zu entspannen und ruhig und schwer in den Fußboden einzusinken…

Das Gefühl der Entspannung breitet sich nun aus auf euren Bauch und auf eure Brust… Auch das Zentrum eures Körpers fühlt sich weich, warm und entspannt an…

Atmet ruhig und tief… und mit jedem Atemzug fühlt ihr euch lockerer und weicher…

Atmet tief ein und aus und gestattet eurem Körper, locker zu werden und sich auszudehnen…

Holt langsam durch die Nase Luft. Füllt zunächst euren Bauch mit Luft und dann eure Brust. Atmet langsam wieder aus und entleert dabei zunächst eure Brust und dann euren Bauch…

Lasst den Atem wie Ebbe und Flut kommen und gehen. Mit jedem Einfluten in euren Körper füllt der Atem euch mit Energie. Fühlt, wie ihr tief und ruhig atmet und wie die Energie in euch einströmt und wieder hinausfließt. Versucht auch, euren Atem zu hören, wenn er kommt und wenn er geht…

Denke jetzt an verschiedene Situationen, in denen du dir innerlich gesagt hast: Das ist schön. Es kann sich dabei um etwas von Menschen Geschaffenes handeln, wie zum Beispiel ein Bild, eine Skulptur, ein Gedicht, ein Musikstück.

Es kann sich um Vorgänge in der Natur handeln, wie zum Beispiel um einen Sonnenaufgang, die Bewegung eines Tieres, Wolken am Himmel oder die Form einer Pflanze. Es kann ebensogut die Beziehung zwischen Menschen sein, eine Idee, ein Gedanke, kurz alles, was in uns die Reaktion auslöst: Wie schön ist das!

Lass dir ein paar Minuten Zeit, um an solche Situationen zurückzudenken und versuche deine Freude über all das Schöne neu zu erleben... (1-3 Min.)

Nun wähle die Situation aus, die in dir die stärksten Gefühle ausgelöst hat...

Konzentriere dich auf diese Erfahrung und erlebe die Situation noch einmal... Wenn du sie erlebt hast, lass sie dir erneut durch den Sinn gehen, nur noch etwas langsamer... (1 Min.)

Lass sie dir wieder durch den Sinn gehen, und wieder. Und achte jedes Mal auf neue Einzelheiten, die dir einfallen, damit du dieses Schönheitserlebnis möglichst umfassend wiedererlebst... (1–3 Min.)

Lass diese Erfahrung immer wieder durch dein Bewusstsein ziehen und konzentriere dich nun darauf, welche Empfindungen in dir aufsteigen und wie du auf dieses Erlebnis reagierst... (1 Min.)

Jetzt lass die begleitenden Empfindungen stärker und stärker werden in dir... (1 Min.)

Lass nun die Erinnerung an die Schönheit dieses Augenblicks in dein Unbewusstes einsinken und lass die Empfindungen in dir weiter nachklingen... (30 Sek.)

Lass das Empfinden der Schönheit weiterschwingen und bemerke, wie du dich fühlst... (1 Min.)

Nun beobachte dieses Gefühl und lass es andauern. Und achte gleichzeitig auf meine Worte. Dieses Gefühl konntest du durch geistige Konzentration anregen und neu erleben. Das wirkliche Objekt der Schönheit war nicht in der Wirklichkeit vorhanden, aber du konntest es dir vorstellen. Gleichwohl sind deine Reaktionen auf das schöne Objekt und deine Gefühle wirklich. Du hast sie mit deiner Phantasie erzeugt. Du hast das schöne Gefühl mit deinem Geist hervorgerufen und du kannst es mitnehmen, wenn du nachher diesen Raum verlässt und immer wieder neu erfahren, wenn du das möchtest.

Achte nun wieder auf dieses Gefühl, nimm es mit, wohin du auch gehst. Denke daran, dass du es jederzeit und an jedem Ort neu erleben kannst... (30 Sek.)

Komm jetzt mit deinem Bewusstsein zur Gruppe zurück, öffne in deinem eigenen Rhythmus die Augen und sieh dich hier im Raum um... *Machen Sie jetzt in jedem Fall eine kurze Pause. Wenn Sie an einer Auswertung des Experiments interessiert sind, können Sie die Teilnehmer danach kurz berichten lassen, was sie erfahren haben.*

KANZLER/IN FÜR EINEN TAG

11

(nach Maid)

Ziele: In diesem Experiment können die Jugendlichen herausfinden, für welche Werte sie sich in der Politik gern einsetzen würden.

Teilnehmer: ab 16 Jahren

Zeit: mindestens 40 Minuten

Material: Arbeitsblatt «Kanzler/in für einen Tag»

Anleitung: Ich möchte euch heute anregen, darüber nachzudenken, wie ihr in einigen wichtigen politischen Fragen denkt und welche Werte ihr selbst in der Politik zur Geltung bringen möchtet. Ich habe ein Arbeitsblatt für euch vorbereitet, das jeder für sich in den nächsten 30 Minuten bearbeiten soll...

Kommt jetzt zum Kreis zurück... Jeder soll nun in einem Rundgang mitteilen, wofür er das meiste und wofür er das wenigste Geld ausgeben würde...

Jetzt möchte ich Einzelnen von euch Gelegenheit geben, ihren politischen Standpunkt gegenüber den anderen Teilnehmern zu vertreten. Das kann auf folgende Weise geschehen: Wer immer das möchte, kann sich für drei Minuten zu einem politischen Interview bereit erklären. Dann können nacheinander andere Teilnehmer dem Betreffenden eine Frage stellen. Die Aufgabe dieser Frage ist es, die Wertentscheidung, die in dem politischen Standpunkt enthalten ist, deutlicher herauszuarbeiten. Dabei sind einmal die Fragen wichtig, wie der betreffende Teilnehmer selbst dazu kommt, diesen Wert besonders hoch bzw. besonders niedrig einzustufen. Zum anderen können Fragen wichtig sein, die die Konsequenzen erforschen, die sich aus dieser Einstufung ergeben. So kann zum Beispiel jemand fragen: «Du willst das meiste Geld für Entwicklungshilfe ausgeben und sagst, dass dir die Verantwortung der Reichen für die Armen besonders am Herzen liegt. Kannst du mir sagen, weshalb du diesen Wert so hoch einschätzt?» Oder ein anderer könnte fragen: «Hast du dir über die Konsequenzen Gedanken gemacht, wenn die Industrienationen wirklich konsequent so viel Geld für die Entwicklungshilfe ausgeben würden?» Achtet darauf, dass die Fragen nicht dazu führen, den politischen Standpunkt des Interviewten zu kritisieren und lächerlich zu machen, sondern ihn genauer zu erforschen. Habt ihr verstanden, was ich meine?...

Wer möchte sich für ein Interview zur Verfügung stellen?...

Auswertung

- Wie hat mir das Experiment gefallen?
- Wie leicht fiel es mir, meine politischen Prioritäten zu setzen und die damit verbundenen Werte zu erkennen?
- Kommen die Wertentscheidungen, die ich hier getroffen habe, auch in meinem Alltag zum Ausdruck?
- Wieweit interessiere ich mich im Alltag für politische Fragen?
- Wieweit bin ich politisch aktiv und auf welche Weise?
- Welche Rolle spielt Politik in meiner Familie, und welchen Standpunkt nehmen mein Vater und meine Mutter ein?
- Wie fühle ich mich, wenn ich mit Politik zu tun habe?
- Kann ich mir vorstellen, einmal ein politisches Amt zu übernehmen?
- Wie habe ich auf die Standpunkte der anderen reagiert?
- Was möchte ich sonst noch sagen?

Erfahrungen: Dies ist ein anregendes und lebendiges Experiment. Achten Sie darauf, dass die Fragen an die Interviewten auf Einsicht abzielen und keine indirekte Beurteilung beinhalten.

KANZLER/IN FÜR EINEN TAG

Wenn du Kanzler oder Kanzlerin der Bundesrepublik wärst, wofür würdest du dann das meiste Geld ausgeben wollen?

Entwicklungshilfe ....
....

Verteidigung ....
....

Stadtsanierung ....
....

Umweltschutz ....
....

Bildungswesen ....
....

Ausbau des Verkehrsnetzes ....
....

Unterstützung der Landwirtschaft ....
....

Unterstützung der Industrie ....
....

Raumfahrt ....
....

Bekämpfung der Armut ....
....

Bitte überlege dir, wie du deine Prioritäten setzt und bringe die verschiedenen Maßnahmen in eine Rangreihe, indem du sie nummerierst. Überlege dir nun, welche Werte bzw. Überzeugungen für dich mit den einzelnen Maßnahmen verbunden sind und notiere sie stichwortartig dahinter (z. B. Bildungswesen: «Jeder Mensch hat das Recht, seine Fähigkeiten so weit wie möglich auszubauen.» Oder: «Wissen hilft dem Menschen zu überleben.»)
Begründe nun deine Entscheidung für den Bereich, für den du das meiste Geld ausgeben willst und für den Bereich, für den du am wenigsten Geld ausgeben willst. Notiere deine Begründungen auf der Rückseite.

TEA FOR TWO

(nach Maid/Wallace)

Ziele: In diesem reizvollen Experiment können die Jugendlichen sich darauf konzentrieren, für welche Menschen sie sich interessieren, über welche Themen sie gern sprechen, was sie von den für sie wichtigen Menschen lernen möchten und schließlich was sie glauben, selbst anderen geben zu können.

Teilnehmer: ab 14 Jahren

Zeit: ca. 45 Minuten

Material: Arbeitsblatt «Tea for Two»

Anleitung: Ich möchte euch heute Gelegenheit geben, richtig neugierig zu sein. Unsere Neugier ist ein wichtiger Bestandteil unserer Lebendigkeit, und allzu oft vergessen wir sie und bewegen uns vor allem im Kreise des uns Bekannten und Vertrauten. Wenn wir neugierig sind, erobern wir uns ein neues Stück der Welt, wir können uns damit auseinandersetzen und wachsen.

Ich habe ein Arbeitsblatt für euch vorbereitet, das ihr bearbeiten sollt. Ihr habt dafür eine halbe Stunde Zeit…

Kommt bitte zum Kreis zurück… Diejenigen, die dazu Lust haben, sollen die Person auswählen, mit der sie am liebsten essen gehen würden und uns dann vorlesen, was sie dazu aufgeschrieben haben. Wer möchte anfangen?…

Auswertung

- Wie hat mir das Experiment gefallen?
- Wie leicht fiel es mir, die sieben Leute auszuwählen?
- Wer ist mir zuerst eingefallen und wer zuletzt?
- Wie leicht fiel es mir, Dinge über mich herauszufinden, die für meine Gäste interessant und lehrreich sein könnten?
- Nach welchen Gesichtspunkten habe ich die Menüs zusammengestellt?
- Auf welche Leute bin ich im Alltag neugierig, und wie befriedige ich meine Neugier?
- Wer ist in meiner Familie am neugierigsten?
- Was haben mich meine Eltern über Neugier gelehrt?
- Möchte ich selbst einmal berühmt werden? Auf welchem Gebiet?
- Was ist der Vorteil, berühmt zu sein, und was ist der Nachteil?
- Habe ich etwas Neues gelernt?
- Was möchte ich sonst noch sagen?

Erfahrungen: Dies ist ein sehr anregendes Experiment. Sie können es noch dadurch bereichern, dass Sie den Jugendlichen Gelegenheit geben, den einen oder anderen ihrer Gäste vorzuspielen. Ein anderer Jugendlicher muss dann die Rolle des Gastgebers übernehmen. Das ermöglicht zum einen Einfühlung in das Gruppenmitglied, zum anderen wird der seelische Kontakt zu der berühmten Persönlichkeit vertieft und einige von deren Qualitäten assimiliert.

TEA FOR TWO

Stell dir vor, dass du sieben Gutscheine hast, mit denen du in jedem beliebigen Restaurant der Welt ein Abendessen für zwei Personen bezahlen kannst. Du kannst sieben berühmte bzw. dir ungewöhnlich erscheinende Menschen an jedem der sieben Wochentage einladen.

Welche sieben Personen wählst du aus? Beginne mit dem Sonntag und erzähle, wen du einlädst und warum du mit diesem Menschen gern zu Abend essen möchtest. Sage, was dich an dem/der Betreffenden reizt. Was möchtest du über ihn/sie in Erfahrung bringen? Was möchtest du von ihm/ihr lernen? Was kann er/sie von dir lernen? Worüber willst du mit ihm/ihr sprechen? Sag auch, wo du zu Abend essen möchtest und was du bestellst. Fahre dann fort mit Montag etc.

Sonntag ....

....

Montag ....

....

....

Dienstag ....

....

....

Mittwoch ....

....

....

Donnerstag ....

....

....

Freitag ....

....

....

Samstag ....

....

....

ALLGEMEINES GLÜCK
(nach Maid/Wallace)

Ziele: In diesem Experiment haben die Jugendlichen Gelegenheit, eigene Wertvorstellungen probeweise auf die Gesellschaft auszudehnen und herauszufinden, welcher Wert ihrer Meinung nach für eine große Anzahl von Menschen besonders sinnvoll ist.

Teilnehmer: ab 12 Jahren

Zeit: ca. 20 Minuten

Material: ein großer Bogen Papier, zusätzlich Notizpapier und Bleistift

Anleitung: Ich möchte, dass ihr euch heute einmal Gedanken darüber macht, welche Voraussetzungen eurer Meinung nach dazu führen würden, dass alle Menschen in unserem Land zufrieden leben können. Ich werde euch einige Werte nennen, und jeder von euch soll für sich entscheiden, welcher Wert am besten geeignet ist, dies zu erreichen.

Was wäre eurer Meinung nach am besten: Wenn alle Leute in diesem Land glücklich oder aufrichtig oder gesund oder liebevoll oder fleißig wären? *Schreiben Sie diese Frage für alle sichtbar auf.* Beantwortet diese Frage schriftlich und begründet euren Standpunkt ausführlich. Ihr habt dafür fünfzehn Minuten Zeit…

Kommt nun zum Kreis zurück, damit wir die unterschiedlichen Standpunkte kennenlernen können. Gebt durch ein Handzeichen zu erkennen, wer «glücklich» gewählt hat… (usw.)

Auswertung:
- Wie hat mir das Experiment gefallen?
- Was wären die Konsequenzen, wenn wirklich alle Leute in diesem Land einen dieser Werte voll verwirklichten?
- Was sind die Vorteile, was sind die Nachteile, dass unsere Kultur eine Fülle von unterschiedlichen Werten beinhaltet?
- Welche Rolle spielt der Wert, für den ich mich entschieden habe, in meinem eigenen Leben?
- Für welchen Wert hätte sich mein Vater (meine Mutter) entschieden?
- Welche Rolle spielt der Wert, der dem von mir gewählten entgegengesetzt ist?
- Was möchte ich sonst noch sagen?

Erfahrungen: Es kommt darauf an, dass die Jugendlichen lernen, sich für bestimmte Werte zu engagieren und gleichzeitig die Berechtigung anderer Wertentscheidungen anerkennen lernen. Um ganz praktisch die Konsequenzen der Monokultur eines Wertes zu demonstrieren, können Sie folgendes Experiment erproben: Lassen Sie alle Jugendlichen, die sich für denselben Wert entschieden haben, in der Mitte des Kreises zusammenkommen und fünf bis zehn Minuten lang eine Gemeinschaft spielen, in der dieser Wert alles bestimmt, was gesagt und getan wird. Lassen Sie anschließend in einer gemischten Gruppe Vertreter aller Wertentscheidungen eine wertpluralistische Gemeinschaft spielen. Fragen Sie dann, wie sich die Betreffenden in den unterschiedlichen Situationen gefühlt haben.

14 ZUR KINDSTAUFE

(nach Ehrlich)

Ziele: In diesem sehr reizvollen Experiment haben die Jugendlichen Gelegenheit, konzentriert zum Ausdruck zu bringen, was sie über das Leben denken. Oft handeln wir auf der Grundlage nur unvollkommen bewusster Lebensentscheidungen und bewegen uns dadurch in einem sehr engen Rahmen von Gedanken, Gefühlen und Entschlüssen. Wenn ich meine unbewussten Anschauungen zur Lebensbewältigung kenne, kann ich mich fragen, ob nicht auch andere Grundsätze helfen, das Leben zu bewältigen, und ich werde vielleicht eher bereit sein, den einen oder anderen überholten Grundsatz auszuwechseln. Der Vergleich verschiedener Positionen in der Gruppe soll ebenfalls dazu beitragen, eine reflektiertere Einstellung zur eigenen Lebensphilosophie einzunehmen.

Teilnehmer: ab 15 Jahren

Zeit: ca. 50 Minuten

Material: Papier und Bleistift

Anleitung: Jeder von uns entwickelt im Laufe seines Lebens bestimmte Grundsätze und Anschauungen über das Leben, die ihm helfen sollen, die verschiedenen kritischen Situationen und wichtigen Aufgaben, die das Leben mit sich bringt, zu bewältigen. Zum Teil stammen unsere Rezepte, wie wir das Leben zu bewältigen haben, aus den «Kochbüchern» uns wichtiger Menschen, zum Teil haben wir sie selbst entwickelt. In jedem Fall denke ich, dass es gut ist, wenn wir von Zeit zu Zeit innehalten und uns klarmachen, was wir zu diesem Zeitpunkt über das Leben denken. Das folgende Experiment soll euch dabei helfen.

Stell dir vor, dass du Taufpate werden sollst. Überlege dir, ob dein Patenkind ein Junge oder Mädchen ist. Du entschließt dich, dem Baby zur Taufe einen kleinen Brief zu schreiben, der ihm Glück bringen soll. Denn du willst deinem Patenkind mitteilen, was es deiner Meinung nach wissen sollte, um mit dem Leben fertig zu werden. Gib deinen besten Rat und sage dem kleinen Kind, wie es in dieser Welt gut leben kann. Sprich dabei auch über folgende Themen: Wie kann man mit anderen auskommen? – Wie kann man bekommen, was man möchte? – Wie lebt man in der Familie? – Wie wird man glücklich? – Wie findet man Freunde? *Schreiben Sie diese Leitfragen für alle sichtbar auf.*

Habt ihr verstanden, was ich meine?… Nehmt euch nun ein Blatt Papier und schreibt diesen Brief an euer Patenkind. Gebt ihm oder ihr einen Namen, datiert den Brief und unterschreibt ihn am Ende. Ihr habt dafür 30 Minuten Zeit…

Kommt nun zum Kreis zurück und sucht euch drei oder vier andere Gruppenmitglieder, mit denen ihr euch darüber austauschen wollt, was ihr geschrieben habt. Ihr habt für die Arbeit in eurer kleinen Gruppe 20 Minuten Zeit...

Stoppt nun und kommt zum großen Kreis zurück... Wer hat Lust, seinen Brief vorzulesen?...

Auswertung

- Wie hat mir das Experiment gefallen?
- Was an der Aufgabe war leicht für mich? Was war schwer?
- Wer hat mir selbst bisher Rat gegeben, wie ich das Leben bewältigen kann?
- Was ist der wichtigste Rat, den andere mir bisher gegeben haben?
- Wieweit befolge ich selbst in meinem Leben den Rat, den ich meinem Patenkind gegeben habe?
- Wann habe ich zuletzt einen Grundsatz zur Lebensbewältigung aufgegeben, abgewandelt oder mir einen neuen zu eigen gemacht?
- Mit wem spreche ich im Alltag über solche Dinge?
- Woran kann ich merken, ob meine eigenen Grundsätze zur Lebensbewältigung zu mir passen?
- Was möchte ich sonst noch sagen?

Erfahrungen: Es ist gut, wenn Sie einige Freiwillige finden, die ihren Brief im Plenum vorlesen, sodass Sie Punkt für Punkt die Empfehlungen mit der Gruppe durchgehen und sie auf die Konsequenzen hin untersuchen können.

Unterscheiden Sie – wenn es geht – zwischen einschränkenden Empfehlungen, die das Wachstum eines Menschen unnötig begrenzen und solchen, die die Entfaltung im Lebensprozess begünstigen.

MENSCHEN, DIE ICH BRAUCHE

(nach Simon/Clark)

Ziele: Wir alle benötigen in einem gewissen Umfang das, was andere Menschen für uns bereitstellen: Dienstleistungen, Produkte, Erfahrungsaustausch und Intimität. In vielen Fällen bilden wir uns ein, andere zu brauchen, in Wirklichkeit könnten wir uns genauso gut selbst versorgen. In anderen Fällen benötigen wir die anderen wirklich, weil die entsprechenden «Güter» für uns wichtig sind und wir sie uns nicht selbst beschaffen können. Dieses einfache Experiment hilft den Teilnehmern, sich bewusst zu machen, welche Personengruppen für sie wichtig sind und auf welche sie am wenigsten verzichten mögen.

Teilnehmer: ab 14 Jahren

Zeit: ca. 35 Minuten

Material: Arbeitsblatt «Menschen, die ich brauche»

Anleitung: Ich möchte euch mit dem folgenden Experiment Gelegenheit geben, euch einmal klarzumachen, wen ihr im Leben wirklich braucht. Jeder von uns hat es mit vielen Leuten zu tun, die unterschiedlich wichtig für ihn sind. Einige brauche ich selten, manche häufig, und nur eine Person brauche ich eigentlich immer: nämlich mich selbst. Ich habe ein Arbeitsblatt für euch vorbereitet, das ihr bitte bearbeiten sollt. Ihr habt dafür 30 Minuten Zeit…

Stoppt jetzt und kommt zum Kreis zurück… Was habt ihr herausgefunden?…

Auswertung
- Fiel es mir leicht, mich auf sechs wichtige Gruppen zu beschränken?
- Bekomme ich von den wichtigen Personengruppen das, was ich wirklich von ihnen möchte?
- Für welche Werte stehen die sechs von mir ausgesuchten Gruppen?
- Wie werde ich mit Situationen fertig, in denen mir wichtige Personen oder Personengruppen nicht zur Verfügung stehen?
- Kann ich gelegentlich allein sein?
- Was ist das Wichtigste, das ich zum Leben brauche?

Erfahrungen: Achten Sie darauf, dass herausgearbeitet wird, welche Werte die einzelnen Personengruppen für den Einzelnen symbolisieren. Zum Beispiel kann der Bäcker, bei dem sich ein Jugendlicher jeden Morgen sein Schokobrötchen kauft, eher für den Wert stehen, sich selbst etwas Gutes zu tun, als satt zu werden – auch wenn das keine ideale Strategie ist.

MENSCHEN, DIE ICH BRAUCHE

Im Folgenden findest du eine Liste von Personengruppen, die für die Welt, in der wir leben, ziemlich wichtig sind. Bitte unterstreiche diejenigen, die für dich wichtig sind. Wenn du damit fertig bist, bringe die unterstrichenen Gruppen in eine Rangreihe, indem du sie nummerierst und die entsprechende Zahl in die Klammer einträgst. Gib der wichtigsten Gruppe dabei die Nummer 1, der zweitwichtigsten Gruppe die Nummer 2 usw.

( ) Künstler – ( ) Eltern – ( ) Piloten – ( ) Automechaniker – ( ) Bäcker – ( ) Zimmerleute – ( ) Ärzte – ( ) Apotheker – ( ) Zahnärzte – ( ) Schuster – ( ) Verkäufer – ( ) Fußballspieler – ( ) Rechtsanwälte – ( ) Schauspieler – ( ) Musiker – ( ) Richter – ( ) Politiker – ( ) Geistliche – ( ) Großeltern – ( ) Bergleute – ( ) Polizisten – ( ) Cousinen – ( ) Psychologen – ( ) Lehrer – ( ) Bauern – ( ) Ingenieure – ( ) Pflegeeltern – ( ) Schlachter – ( ) Tanten – ( ) Krankenschwestern – ( ) Onkel – ( ) Obdachlose – ( ) Kriminalbeamte – ( ) Hotelpersonal – ( ) Wissenschaftler – ( ) Therapeuten – ( ) Sozialarbeiter – ( ) Gefängsnispersonal – ( ) Kindergärtnerinnen – ( ) Restaurantbesitzer – ( ) Verwandte – ( ) Geschwister – ( ) Regierungsbeamte

Wähle von den unterstrichenen und in eine Rangreihe gebrachten Gruppen die für dich wichtigsten 6 aus, schreibe sie hier noch einmal auf und gib an, welche «Güter» bzw. welche Werte sie dir geben. Beschreibe, mit welchen Konsequenzen du rechnen musst, wenn du dieses Gut nicht mehr erhalten würdest.

1. ....

....

2. ....

....

3. ....

....

4. ....

....

5. ....

....

6. ....

....

16

DINGE, DIE ICH BRAUCHE
(Simon/Clark)

Ziele: Eine reflektierte Einstellung zum Besitz ist eine wichtige Voraussetzung für die Reifung der Persönlichkeit. Besitz gehört seit den Anfängen der Menschheit zu den Mitteln, mit denen wir unser Überleben gesichert und uns zugleich das Dasein vergnüglicher gemacht haben. Die schwierige Aufgabe für jeden Einzelnen besteht darin herauszufinden, was sich für ihn zu besitzen lohnt, was ihm der Besitz bedeuten kann, welchen Preis er dafür zu zahlen hat, was er einsetzen muss, um den Besitz zu behalten und wie er mit der unvermeidbaren Gefahr möglicher Verluste fertig werden kann.

Dieses Experiment kann den Jugendlichen helfen, diesen Themen etwas mehr Aufmerksamkeit als gewöhnlich zu schenken.

Teilnehmer: ab 14 Jahren

Zeit: ca. 35 Minuten

Material: Arbeitsblatt «Dinge, die ich brauche»

Anleitung: In unserem Leben brauchen wir Beziehungen zu anderen Menschen und – in bestimmten Ausmaß – auch Besitz. In diesem Experiment möchte ich eure Aufmerksamkeit darauf lenken, welche Besitztümer ihr für wichtig haltet und was diese Dinge für euch bedeuten. Ich habe ein Arbeitsblatt vorbereitet, das ihr bitte bearbeiten sollt. Ihr habt dafür 30 Minuten Zeit…

Stoppt jetzt und kommt zum Kreis zurück… Was habt ihr herausgefunden?…

Auswertung
• Wie hat mir das Experiment gefallen?
• Mit wem spreche ich über Fragen des Besitzes?
• Was ist der wichtigste Besitz für meinen Vater?
• Was ist der wichtigste Besitz für meine Mutter?
• Besitze ich für meine Bedürfnisse genug? Zu viel? Zu wenig?
• Wie würde das Leben aussehen, wenn jeder Mensch nur seine drei wichtigsten Besitztümer besäße?
• Welcher Mensch, den ich kenne, hat nach meiner Meinung eine besonders vorbildliche Beziehung zum Besitz?
• Wer in der Gruppe hat ähnliche Bedürfnisse wie ich?
• Was möchte ich sonst noch sagen?

Erfahrungen: Sie können die Struktur der Übung dadurch bereichern, dass Sie einige Freiwillige auffordern, sich mit einzelnen Besitztümern zu identifizieren, sodass die Jugendlichen sich als dieses oder jenes Objekt der Gruppe präsentieren und zum Beispiel sagen: «Ich bin ein Staubsauger. Ich verschlucke Krümel und Schmutz und sorge dafür, dass der Fußboden in deinem Raum immer sauber ist. So brauchst du nicht zu fegen, und ich bin auf Knopfdruck bereit, dir die Arbeit abzunehmen.»

DINGE, DIE ICH BRAUCHE

Du findest hier eine Liste von verschiedenen Dingen, die viele Leute für wichtig halten, um leben zu können, sich erfolgreich zu fühlen, um glücklich zu sein und sich wohl zu fühlen. Unterstreiche die Dinge, die du für dich selbst wichtig findest und bringe diese dann in eine Rangreihe, indem du sie entsprechend ihrer Bedeutung für dich durchnummerierst und die Zahlen in die Klammern einsetzt.

( ) Flugzeug – ( ) Axt – ( ) Fußball – ( ) Bett – ( ) Motorrad – ( ) Tennisschläger – ( ) Besen – ( ) Kalender – ( ) Handy – ( ) Waschmaschine – ( ) Uhr – ( ) Staubsauger – ( ) Bilder – ( ) Musikinstrument – ( ) Angel – ( ) Bücher – ( ) Fernseher – ( ) eigenes Haus – ( ) Medizin – ( ) Radio – ( ) eigenes Zimmer – ( ) Telefon – ( ) Schreibzeug – ( ) Fahrrad – ( ) Bibel – ( ) Schaufel – ( ) Wohnmobil – ( ) CD-Player – ( ) Zahnbürste – ( ) Computer – ( ) Kleidung – ( ) Schmuck – ( ) Fotos – ( ) Messer – ( ) Auto – ( ) Schreibtisch.

Jetzt konzentriere dich auf die drei für dich wichtigsten Besitztümer und versuche jeweils in einem kleinen Abschnitt zu beschreiben, was dir der Besitz bedeutet. Behalte dabei folgende Fragen vor Augen: Welches Bedürfnis befriedigt der Besitz? – Welche Gefühle löst der Besitz in dir aus? – Von wem stammt der Besitz? – Was musst du tun, ihn dir zu erhalten? – Welchen Preis musst du dafür zahlen, dass du den Besitz erlangst bzw. ihn beständig zur Verfügung hast? – Wie würdest du auf seinen Verlust reagieren? – Was könnte diesen Besitz ersetzen?

Notiere hier die drei wichtigsten Besitztümer:

1 ....

2 ....

3 ....

MYTHISCHE FERIEN
(nach Savary)

Ziele: Das Experiment hilft den Jugendlichen, sich ihre tiefsten Wünsche und Sehnsüchte bewusst zu machen und damit die Grundlagen ihres Wertsystems zu verstehen.

Teilnehmer: ab 18 Jahren

Zeit: ca. 75 Minuten

Material: Papier und Bleistift, Musik-CD, z. B. mit Musik von Rossini o. Ä.

Anleitung: Ich möchte euch zu einem sehr schönen Experiment einladen, in dem ihr eurer Phantasie freien Lauf lassen könnt, um euren geheimen Wünschen und Hoffnungen für das Leben nachzugehen. Nehmt euch Papier und Bleistift und sucht euch einen Platz im Raum, wo ihr euch behaglich fühlt…

Nehmt eine bequeme Körperhaltung ein, entweder im Sitzen oder im Liegen… Schließt jetzt die Augen und konzentriert euch auf euren Körper… Wendet eure Aufmerksamkeit nach innen und findet heraus, was in eurem Körper geschieht…

Ist eure Lage bequem?… Versucht, eine noch bequemere Lage zu finden…

Fühlt ihr euch entspannt?… Wenn irgendein Teil eures Körpers doch noch verkrampft ist, dann versucht loszulassen… Spannt ihn dazu ganz bewusst kräftig an – und lasst dann los. Wiederholt das einige Male…

Nun achtet auf euren Atem. Wie atmet ihr?… Empfindet, wie die Luft durch die Nase oder den Mund einströmt… Fühlt, wie sie durch den Hals in die Brust und in den Bauch flutet…

Nun stellt euch vor, dass der Atem kommt und geht wie sanfte Wellen am Ufer des Meeres und dass mit jedem Atemzug etwas von der Spannung aus eurem Körper fließt… Bemerkt, wie ihr euch mehr und mehr entspannt…

Jetzt möchte ich euch mit dem Rahmen für das Phantasieexperiment bekannt machen. Stellt euch vor, dass ihr beliebig viel Zeit habt, eine Woche, einen Monat, ein halbes Jahr, ein ganzes Leben, um zu tun, was immer ihr möchtet. Ihr habt wirkliche Freizeit, Ferienzeit, Zeit für ein Lieblingsprojekt, Zeit, um glücklich zu sein. Nehmt euch so viel Zeit, wie ihr wollt. Es gibt überhaupt keine Einschränkungen oder Bedingungen für die Art und Weise, wie ihr die Zeit gestaltet. Alle Gesetze, Verpflichtungen, Regeln oder sonstige Begrenzungen sind aufgehoben.

Zunächst könnt ihr davon ausgehen, dass diese Ferienzeit außerhalb des normalen Kalenders und der normalen Uhrzeit stattfindet, sodass ihr keine Sorge haben müsst, ein Examen zu verpassen, eine Verabredung oder sonst irgendetwas zu versäumen. Eure Ferien können so lange dauern, wie ihr möchtet, und sie werden euer normales Leben nicht berühren.

Ihr könnt weiter davon ausgehen, dass in diesem Experiment alle Gesetze aufgehoben sind, die eure Phantasie einschränken könnten. Finanzielle Gesetze gelten nicht, ihr könnt über so viel Geld verfügen, wie ihr wollt. Physikalische Gesetze sind aufgehoben, ihr könnt euch von einem Platz zu jedem anderen in der Welt bewegen. Die biologischen Gesetze sind aufgehoben, ihr könnt euch in einen Adler verwandeln oder in einen Tiger, in einen Fluss oder in ein Gebirge. Ihr könnt euer Geschlecht wechseln, als Mann ein Kind zur Welt bringen oder als Frau ein Kind zeugen. Die chemischen Gesetze sind aufgehoben. Ihr könnt unter Wasser atmen oder auf einem fernen Stern eine Zivilisation gründen.

Die bürgerlichen Gesetze gelten auch nicht länger. Ihr könnt jede rote Ampel überfahren und heiraten und euch scheiden lassen so oft ihr wollt, ohne vor einem Standesbeamten zu erscheinen.

Die moralischen Gesetze sind ebenfalls außer Kraft gesetzt. Ihr könnt als Wegelagerer leben, als Doktor Frankenstein oder als Mafia-Boss.

Die Gesetze von Zeit und Raum könnt ihr aufheben. Ihr könnt in die Vergangenheit gehen und in die Zukunft. Ihr könnt 500 Jahre alt werden. Ihr könnt den Raum unendlich klein machen oder eine Brücke von hier zum Mond bauen.

Die Gesetze der Logik sind ungültig. Ihr könnt euch in zwei Leute verwandeln, eurem eigenen Tod zusehen und euer Leben vom jetzigen Zeitpunkt zurück zum Mutterleib verfolgen.

Schließlich könnt ihr in euren Ferientraum mitnehmen, wen immer ihr wollt, wirkliche oder erdachte Personen, lebende oder tote. Ziel dieses Experiments ist es, dass ihr euch mit Hilfe der Phantasie Erfahrungen verschafft, die euch im Innersten befriedigen. Dabei schlage ich euch vor, dass jeder nicht nur eine Phantasiereise erlebt, sondern mehrere.

Die ersten beiden Ferienreisen sind meistens einfacher, die weiteren bringen uns in Kontakt mit unseren tiefsten Wünschen. Macht nach jeder Phantasiereise ein paar Notizen, um euch hinterher besser erinnern zu können. Ich werde etwas Musik spielen, damit eure Phantasie leichter in Gang kommt. Für dieses Experiment werdet ihr eine halbe Stunde wirklicher Uhrzeit zur Verfügung haben... (30 Minuten)

Beendet nun eure phantastischen Ferien und kommt langsam mit eurem Bewusstsein in die wirkliche Zeit und in das wirkliche Leben zurück... Stellt euch innerlich langsam um und kommt dann mit eurem Bewusstsein zur Gruppe zurück... Öffnet nun die Augen und schaut euch in der Gruppe um...

Kommt jetzt in Vierergruppen zusammen und berichtet euch gegenseitig, was ihr unternommen habt... Ihr habt 45 Minuten Zeit für euren Austausch...

Nun kommt zum großen Kreis zurück, damit wir gemeinsam darüber sprechen können, was ihr erlebt habt...

Auswertung
- Wie hat mir das Experiment gefallen?
- Wie habe ich mich auf den einzelnen Phantasiereisen gefühlt?
- Habe ich Dinge unternommen, die mich selbst überrascht haben?
- Was sagen die einzelnen Reisen darüber aus, was mir im Leben wirklich wichtig ist?
- Wie viele verschiedene Werte haben in meinen Reisen Ausdruck gefunden?
- Was kann ich tun, um diesen Wünschen und Werten in meinem realen Leben Geltung zu verschaffen?
- Erlaube ich mir sonst, Wunschträume zu entwickeln?
- Was haben mich meine Eltern über den Gebrauch der Phantasie gelehrt?
- Welche Teilnehmer hatten ähnliche Wünsche wie ich?
- Was möchte ich sonst noch sagen?

Erfahrungen: Dieses anregende Experiment kann starke persönliche Betroffenheit auslösen, wenn Wünsche auftauchen, die üblicherweise aus dem Bewusstsein verbannt sind. Regen Sie daher dieses Experiment nur dann an, wenn Sie sich in der Lage fühlen, den Jugendlichen Beistand zu leisten, auch schwieriges seelisches Material zu bearbeiten und mit dem Alltagsleben konstruktiv zu verbinden.

18 MAGISCHER MOMENT

(nach Hendricks)

Ziele: Einer der Begründer der humanistischen Psychologie, Abraham Maslow, beschäftigte sich in seinen Forschungsarbeiten u. a. mit jenen magischen Augenblicken, in denen der Einzelne die Grenzen seines individuellen Bewusstseins überschreitet und Zugang zu transpersonalen Werten findet, die seinem Leben Inspiration und Bedeutung geben. Wir alle haben gelegentlich ein solches Erlebnis, sei es beim Anblick eines spielenden Kindes, angesichts der Weite des Meeres, oder beim Lesen eines Gedichts. Wir haben dann den Eindruck, dass wir über die Grenzen des Alltags hinauswachsen und kurzfristig eine Realität kennenlernen, die wir als Geschenk empfinden und als Ermutigung weiterzuleben.

Gerade für Jugendliche mit ihrem leicht zu erschütternden Lebensgefühl erscheint es sinnvoll, diese magischen Augenblicke stärker ins Bewusstsein zu heben und sie für diese Wahrnehmung zu sensibilisieren.

Teilnehmer: ab 18 Jahren

Zeit: ca. eine Stunde

Material: Papier und Bleistift

Anleitung: Ich möchte euch zu einem Experiment einladen, das den Namen trägt «Magischer Moment». Gelegentlich erfahren wir in unserem Leben etwas überaus Wertvolles, sodass wir uns innerlich sagen können: «Es ist schön zu leben. Ich bin nicht allein. Ich kann Kontakt zu anderen herstellen. Ich kann eine Wirklichkeit entdecken, die über die vielen Schwierigkeiten des Alltags hinausreicht.» Wenn wir diese Situationen aufmerksamer und bewusster erleben, können sie eine wichtige Aufgabe in unserem Leben übernehmen, nämlich uns mit neuer Energie, neuem Mut und neuer Aktivität zu beseelen.

Sucht euch eine möglichst bequeme Körperhaltung, im Sitzen oder im Liegen… Schließt jetzt die Augen und konzentriert euch auf euren Körper… Wendet eure Aufmerksamkeit nach innen und findet heraus, was in eurem Körper geschieht… (30 Sek.)

Ist eure Lage ganz bequem?… Versucht, eine noch bequemere Lage einzunehmen… Fühlt ihr euch entspannt?… Wenn irgendein Teil eures Körpers doch noch verkrampft ist, dann versucht loszulassen… Spannt diesen Teil dazu ganz bewusst kräftig an – und dann lasst los. Wiederholt das einige Male… (30 Sek.)

Achtet nun auf euren Atem… Wie atmet ihr?… Empfindet, wie die Luft durch die Nase oder den Mund einströmt… Fühlt, wie sie durch den Hals in die Brust und in den Bauch flutet…

Stellt euch nun vor, dass der Atem kommt und geht wie sanfte Wellen am Ufer des Meeres und dass mit jedem Atemzug etwas von der Spannung aus eurem Körper geht... Bemerkt, wie ihr euch mehr und mehr entspannt... (30 Sek.)

Denkt nun an die schönsten Augenblicke eures Lebens zurück: an Momente des größten Glücks, der Ekstase, der Freude. Vielleicht wart ihr verliebt oder ihr hörtet eine besonders schöne Musik, ihr wart begeistert beim Anblick einer schönen Landschaft oder ihr wart bewegt durch einen schöpferischen Augenblick...

Schreibt alles in Stichworten auf, was euch dazu einfällt... (3 Min.)

Nun erinnert euch daran, wie ihr euch in diesen ungewöhnlichen Augenblicken gefühlt habt, was ihr in diesen Momenten über die Welt und über euch selbst dachtet. Schreibt stichwortartig auf, was euch dazu einfällt... (5 – 10 Min.)

Lassen Sie die Gruppe stoppen, wenn Sie sehen, dass die Notizen spärlicher werden.

Stoppt jetzt und sucht euch einen Teilnehmer aus, mit dem ihr euch gern austauschen wollt... Ich gebe euch 45 Minuten Zeit, in denen ihr miteinander draußen im Freien einen Spaziergang machen könnt. Dabei soll jeder fünfzehn Minuten lang die Möglichkeit haben, von seinen magischen Momenten zu sprechen; die Aufgabe des anderen ist es, lediglich schweigend zuzuhören. Derjenige, der von sich berichtet, kann so viel von seinen magischen Momenten erzählen, wie er möchte, so viel wie ihm behaglich ist. In jedem Fall genießt er den Vorzug, einen Zuhörer zu haben, der ihn nicht durch Zwischenfragen und Kommentare beeinflusst, sondern alles akzeptiert, eure Worte und euer Schweigen. Wechselt nach fünfzehn Minuten die Rollen. Danach habt ihr dann noch einmal fünfzehn Minuten Zeit, um euch auszutauschen und darüber zu sprechen, was ihr in den Monologen voneinander gehört habt.

Habt ihr verstanden, was ich meine?... Kommt nach 45 Minuten wieder hierher, damit wir dann noch eine kurze gemeinsame Auswertung machen können...

Auswertung

• Wie häufig habe ich in meinem Leben solche magischen Momente erlebt?
• Was wäre, wenn mein Leben nur aus solchen magischen Momenten bestünde bzw. wenn ich nie welche erleben würde?
• In welchen verschiedenen Lebensbereichen habe ich meine magischen Momente erlebt?
• Bin ich mit meinem Partner zurechtgekommen?
• Habe ich mich bei dem Spaziergang an die Regeln gehalten?
• Was hat es für mich bedeutet, dass mir der andere schweigend zuhörte?

Erfahrungen: Die meisten Jugendlichen schätzen die konzentrierte Aufmerksamkeit eines anderen bei ihrem Bericht. Wenn Sie eine kurze Auswertung im Plenum anschließen, sollten Sie nicht erwarten, dass dort mit derselben Offenheit gesprochen wird wie in den Zweiergruppen. – Es ist wichtig, dass die Teilnehmer für ihren Austausch spazieren gehen können, da die Bewegung sie anregt und das benötigte Gefühl von Freizügigkeit vermittelt.

STANDORT BESTIMMEN

(nach Howe/Howe)

Ziele: Die Struktur dieses Experimentes gestattet es den Jugendlichen, vor anderen Gruppenmitgliedern einen spezifischen Standpunkt im Blick auf ein kontroverses Thema einzunehmen, ihn probeweise zu verteidigen und ggf. zu modifizieren. Gleichzeitig werden die Jugendlichen wieder darauf hingewiesen, dass es zu den meisten Problemen bzw. Entscheidungen eine Fülle verschiedener Hypothesen, Lösungen und Einschätzungen gibt, sodass sie sich der einfachen Beantwortung im Stile eines «richtig» oder «falsch» entziehen.

Teilnehmer: ab 14 Jahren

Zeit: zwischen 30 und 60 Minuten

Anleitung: Ich möchte euch Gelegenheit geben, übungsweise eure Meinung zu vertreten, sie mit der Meinung anderer zu vergleichen und sie ggf. abzuändern, um dann möglichst genau herauszufinden, welche Auffassung ihr im Augenblick vertreten wollt. *Schlagen Sie der Gruppe dann entweder ein Thema vor, zu dem es ganz verschiedene Auffassungen gibt, wie zum Beispiel: «Sollen Mädchen zum Wehrdienst herangezogen werden?» oder lassen Sie die Gruppe selbst ein kontroverses Thema auswählen.*

Teilt euch zunächst in Neunergruppen auf… Jetzt stellt in jeder Gruppe so viele Stühle in eine Reihe, wie ihr Mitglieder seid… Ihr sollt euch gleich über die Frage: «…» unterhalten. Dazu gibt es verschiedene Antworten. Die radikalsten Antworten sind jeweils ein uneingeschränktes Ja oder Nein, etwa in dem Sinne, dass alle Mädchen ohne Einschränkung Wehrdienst leisten sollen bzw. dass unter keinen Umständen irgendein Mädchen zum Wehrdienst herangezogen werden darf. Diejenigen von euch, deren Auffassung so eindeutig und klar ist, setzen sich auf die beiden Stühle am Ende der Reihen, wobei das eine Ende das eindeutige «Ja» und das andere das eindeutige «Nein» bedeutet. Die dazwischenstehenden sieben Stühle bedeuten jeweils abgeschwächte Positionen, wobei der Stuhl in der Mitte die unentschiedene Position ist, bei der Ja und Nein sich die Waage halten. Habt ihr verstanden, wie die Skala funktioniert?

Setzt euch jetzt auf den Stuhl, der zunächst eurer Auffassung zu diesem Thema am ehesten entspricht. Unterhaltet euch dann mit den Teilnehmern rechts und links von euch, um herauszufinden, was sie über die Frage denken und wie ihre Einstellung dazu ist. Findet heraus, ob ihr auf den passenden Stühlen gelandet seid. Wenn jemand merkt, dass er eigentlich einen anderen Sitz einnehmen möchte, dann muss er mit dem «Besitzer» dieses Stuhls sowie mit den beiden Leuten rechts und links davon verhandeln, um mit ihnen gemeinsam festzustellen, wer nun auf diesen Stuhl gehört. Wer sicher ist, dass er gleich zu Anfang den richtigen Platz eingenommen hat, kann den Gesprächen in der Reihe zuhören, um auf diese Weise die Einstellungen der anderen genau kennen zu lernen. Die Verhandlungen sollen so lange geführt werden, bis jeder mit seiner Position zufrieden ist.

Eine andere Möglichkeit besteht darin, dass Sie eine Ihnen angemessen erscheinende Zeitspanne angeben oder zu einem Zeitpunkt abbrechen, wenn Sie bemerken, dass die Diskussionsenergie in der Gruppe abzunehmen beginnt.

Nehmt jetzt eure Plätze ein und beginnt dann mit der Überprüfung eurer Position…

Stoppt jetzt und kommt zum Kreis zurück, damit wir das Experiment gemeinsam auswerten können…

Auswertung

- Wie hat mir das Experiment gefallen?
- Wann war ich am engagiertesten dabei?
- Wie klar konnte ich meinen Standpunkt formulieren und anderen gegenüber verdeutlichen?
- Wie gut habe ich mich mit den anderen Mitgliedern meiner Gruppe geeinigt?
- Wie gut kann ich sonst andere Meinungen akzeptieren und tolerieren?
- Wie kann kann ich andere Meinungen gelten lassen und gleichzeitig meine eigene Meinung beibehalten?
- Wie gut kann ich mich von anderen Meinungen anregen lassen und etwas für meinen eigenen Standpunkt hinzulernen?
- Wer in der Gesamtgruppe vertritt in dem diskutierten Thema eine ähnliche Meinung wie ich?
- Wer weicht am meisten von meiner Meinung ab?
- Was möchte ich sonst noch sagen?

Erfahrungen: Dieses sehr lebendige Experiment können Sie in seiner Struktur noch bereichern, indem Sie selbst – wenn alle ihren Platz gefunden haben – den Advocatus Diaboli spielen und einzelne Teilnehmer herausfordern, vor der ganzen Gruppe ihren Platz zu begründen. Sie können andererseits die Vertreter übereinstimmender Positionen aus den verschiedenen Kleingruppen kurz zusammenkommen lassen, damit sie ihre Auffassungen vergleichen können.

20

EINANDER GELTEN LASSEN

(nach Howe/Howe)

Ziele: In Unterhaltungen und Diskussionen haben wir die Tendenz, unsere eigene Meinung als richtiger zu betrachten als die Auffassungen anderer und jene abzuwerten. Es entsteht dann ein unterschwelliger verbaler Machtkampf, in dessen Verlauf mit verschiedenen Tricks manipuliert und wenig zugehört wird.

Dieses Experiment gibt den Jugendlichen Gelegenheit, die eigene Auffassung zu einer gegebenen Problemstellung klar zu formulieren, ohne zugleich die Gedanken anderer abzuwerten. Außerdem können sie lernen, einander zuzuhören, um sich ggf. anregen zu lassen, fremde Gesichtspunkte in eigene Überlegungen mit einzubeziehen.

Im Ganzen gesehen betont das Experiment anregendes im Unterschied zu überredendem Denken und dient auf diese Weise einer entspannten Wertklärung. Gleichzeitig hilft es, das Gruppengefühl zu vertiefen.

Die rituelle Struktur des Experiments hilft den Jugendlichen, öffentliches Auftreten einzuüben, in einem formellen Rahmen das Wort zu ergreifen, zu warten, bis man an die Reihe kommt etc. Sie lernen auf diese Weise Kommunikationsstrukturen kennen, die auch in anderen Lebensbereichen auftauchen, in Vereinen, Parteien, vor Gericht etc.

Teilnehmer: ab 14 Jahren

Zeit: ca. 35 Minuten

Raum: Stellen Sie die Stühle der Teilnehmer im Halbkreis auf. Zusätzlich stellen Sie vier Stühle an die Stirnseite mit Blickrichtung zur Gruppe.

Anleitung: Ich möchte euch ein Experiment vorschlagen, das «Einander gelten lassen» heißt. Ihr könnt dabei üben, eure Auffassung zu verschiedenen Themen in der Gruppe auszudrücken. Dabei geht es vor allem darum zu sagen, was ihr denkt und weniger darum, andere zu beeindrucken und sie zu beeinflussen, eure Meinung gut zu finden oder sich ihr gar anzuschließen. Inhaltlich gibt uns die Prozedur die Möglichkeit, Fragen, die euch bewegen, ausführlicher zu erörtern und herauszufinden, welche unterschiedlichen oder ähnlichen Positionen es in der Gruppe gibt. Es ist nicht der Sinn dieser Prozedur, zu einer bestimmten Entscheidung zu kommen.

Wir alle nehmen im Halbkreis Platz. Die vier Stühle an der Stirnseite sind zunächst noch frei. Sie sind unser Podium. Auf ihnen können gleich diejenigen Platz nehmen, die den Wunsch haben, dass ein bestimmtes Thema oder eine Problemstellung, die sie interessiert, diskutiert wird. Auch wenn es eine Weile dauert, bis jemand nach vorn geht, sollten wir geduldig abwarten. In unserem Experiment gelten folgende Spielregeln:

1. Nur ein Gruppenmitglied, das auf dem Podium sitzt, darf ein Thema oder ein Problem für die Diskussion vorschlagen. Dabei ist derjenige, der ganz rechts sitzt, als erster an der Reihe. Er steht auf und nennt seinen Diskussionswunsch. Solange er auf dem Podium ist, muss die Diskussion sich auf das von ihm vorgeschlagene Thema konzentrieren. Wenn er der Meinung ist, dass sein Thema erschöpfend diskutiert wurde, verlässt er das Podium und die anderen Mitglieder des Podiums rücken einen Sitz weiter nach rechts. Dann gibt der nächste bekannt, welches Thema er mit der Gruppe diskutieren möchte.

2. Es darf nur einer zur Zeit sprechen.

3. Jeder Teilnehmer – im Halbkreis oder auf dem Podium – kann zu dem gegenwärtigen Thema das Wort ergreifen. Wenn er seine Gedanken und Empfindungen zum Ausdruck bringen will, muss er dazu aufstehen. Wenn er fertig ist, setzt er sich wieder hin. Jedes Thema von persönlichem oder allgemeinem Interesse kann von euch vorgeschlagen werden.

4. Sobald es leere Plätze auf dem Podium gibt, können andere Mitglieder aus der Gruppe dazukommen, die ein Thema vorschlagen möchten. Sie müssen damit natürlich warten, bis sie ganz nach rechts vorgerückt sind.

Alle Teilnehmer und ich selbst haben die gleichen Rechte während der Diskussion und müssen sich an die Spielregeln halten. Jeder hat das Recht zu sprechen und seinen eigenen Standpunkt darzulegen. Niemand darf in seinem Beitrag die Standpunkte anderer als falsch, dumm, naiv usw. bezeichnen, auch wenn er selbst eine andere Auffassung vertritt. Macht in euren Beiträgen deutlich, dass es eure eigenen Gedanken sind, die ihr vortragt, indem ihr sagt: «Ich denke…» – «Ich meine…» etc. Stellt keine Fragen, damit niemand verführt wird, sich zu rechtfertigen. Denkt immer daran, dass es für viele Probleme im Leben kein «richtig» oder «falsch» gibt.

Habt ihr die Spielregeln verstanden?… Für die Diskussionen planen wir zunächst 30 Minuten Zeit ein…

Auswertung
- Wie hat mir das Experiment gefallen?
- Fühle ich mich in der Gruppe sicher genug, um ein Thema vorzuschlagen bzw. klar Stellung zu nehmen?
- Wie leicht bzw. wie schwer fällt es mir, die Meinungen anderer zu tolerieren?
- Fand ich die vorgeschlagenen Themen interessant?
- Wie oft möchte ich eine solche Diskussion haben?
- Was möchte ich sonst noch sagen?

Erfahrungen: Vor allem in langfristig zusammenarbeitenden Gruppen (z. B. in Schulklassen) ist dies eine ausgezeichnete Möglichkeit, sowohl die Themen zur Sprache zu bringen, die die Gruppe betreffen, als auch jene Themen, die das Interessenfeld einzelner Teilnehmer bestimmen.

Meistens ist es günstig, diese Form der Diskussion zu fest vereinbarten Zeitpunkten (zum Beispiel einmal wöchentlich) einzusetzen.

21

FLAGGE ZEIGEN

(nach Simon)

Ziele: Die Jugendlichen können in diesem einfachen Experiment ihre persönliche Auffassung zu einem kontroversen Thema zum Ausdruck bringen. Dadurch wird eine lebendige Diskussion angebahnt.

Teilnehmer: ab 12 Jahren

Zeit: ca. 25 Minuten

Material: für jeden Teilnehmer ein großer Bogen Papier und Filzschreiber

Anleitung: Ich möchte euch anregen, eure Meinung zu einem Thema auszudrücken, das die Gemüter sehr bewegt und zu dem es ganz unterschiedliche Meinungen gibt. Was denkt ihr zum Thema der Klimaveränderung?... *Oder wählen Sie mit der Gruppe ein anderes Thema, das starke gefühlsmäßige Reaktionen auslöst.*

Jeder von euch soll einen Slogan erfinden und auf einen Bogen schreiben, der seine persönliche Meinung widerspiegelt. Ein Slogan bringt einen Grundgedanken in komprimierter Form zum Ausdruck. Nehmt euch fünfzehn Minuten Zeit, um euren Slogan zu finden und in geeigneter Weise aufzumalen...

Jetzt nehmt eure Plakate und geht fünf Minuten auf eine Kampagne, um für euren Standpunkt zu werben. Haltet euer Plakat über euren Kopf und sagt anderen euren Slogan, wann immer ihr das möchtet... (5 Min.)

Hängt nun eure Plakate an die Wände...

Kommt zum Kreis zurück, damit wir das Experiment auswerten können...

Auswertung

• Wie hat mir das Experiment gefallen?
• Was denke ich zu den Slogans der anderen?
• Welche haben mir zugesagt?
• Welche Werte, Wünsche und Interessen werden in den verschiedenen Slogans angesprochen?
• Welche Slogans halte ich für «werbewirksam»?
• Wie habe ich mich bei der «Demonstration» gefühlt?
• Wie leicht fiel es mir, meinen Slogan ernsthaft mitzuteilen?
• Könnte ich mir vorstellen, mit meinem Slogan auch «draußen» zu demonstrieren, um in der Öffentlichkeit für meinen Standpunkt zu werben?
• Wann halte ich es für sinnvoll, anderen meinen Standpunkt nahe zu bringen und sie für meine Meinung zu gewinnen?

- Halte ich es für sinnvoll, in eine Partei einzutreten?
- Sind meine Eltern politisch engagiert?
- Was möchte ich sonst noch sagen?

Erfahrungen: Mit älteren Jugendlichen können Sie dieses Experiment vertiefen, indem Sie die Gruppenmitglieder anregen, einen Brief an ihren Bundestagsabgeordneten zu schreiben oder an eine örtliche Tageszeitung.

SECHZIG SEKUNDEN
(nach Koberg/Bagnall)

Ziele: Die Teilnehmer können sich über einige ihnen besonders wichtige Werte und Ziele klar werden, die sie nicht nur privat anstreben, sondern denen sie auch in der Gesellschaft Geltung verschaffen möchten. Gleichzeitig haben sie Gelegenheit, sich in einer kleinen Gruppe zu einigen. Wenn Sie eine Videoanlage zur Verfügung haben, können Sie das Experiment wesentlich bereichern, indem Sie die Jugendlichen ihren Spot selbst mit den ihnen zur Verfügung stehenden Mitteln produzieren lassen.

Teilnehmer: ab 12 Jahren

Zeit: ca. 30 Minuten

Material: für jede Kleingruppe Filzschreiber und einige große Bogen Papier

Anleitung: Ich möchte euch ein Experiment vorschlagen, bei dem ihr euch mit einigen anderen Gruppenmitgliedern darauf konzentrieren könnt, was euch heute im Leben so wichtig ist, dass ihr auch andere dafür gewinnen wollt. Überlegt euch zunächst, mit welchen anderen Teilnehmern ihr zu viert arbeiten möchtet… Kommt jetzt in den Vierergruppen zusammen…

Stellt euch vor, dass ihr als Gruppe vom Fernsehen eine Minute Sendezeit zur Verfügung gestellt bekommen habt. Ihr könnt diese Sendezeit beliebig gestalten, um dem Publikum eine Botschaft eurer Wahl mitzuteilen. Die Kosten für die Herstellung des Films werden ebenfalls übernommen. Eure Aufgabe ist es, diese eine Minute zu gestalten und so genau wie möglich anzugeben, was ihr dem Publikum sagen und wie ihr eure Botschaft übermitteln wollt. Vielleicht wollt ihr z. B. dem Fernsehpublikum nahe legen, mehr Spielplätze für Kinder einzurichten, oder ihr wollt den Leuten empfehlen einen bestimmten Film anzusehen, den ihr wichtig findet. In jedem Fall soll eure Botschaft eure Wertvorstellungen zum Ausdruck bringen. Habt ihr verstanden, was ich meine?… Ihr habt 30 Minuten Zeit, um euch zu überlegen, was ihr senden wollt… *Geben Sie älteren Jugendlichen länger Zeit.*

Kommt nun zum Kreis zurück und erzählt, was ihr senden lassen wollt…

Auswertung
• Was würde ich senden, wenn ich allein entscheiden könnte?
• Wie leicht haben wir uns in der Kleingruppe geeinigt?
• Was ist die wichtigste Wertvorstellung, die in unserer Idee enthalten ist?
• Wie würde das Publikum wohl reagieren?

23 PYRAMIDE DES LEBENS

(nach Simon/Clark)

Ziele: Dieses klassische Experiment gibt jedem Jugendlichen die Möglichkeit, Bilanz zu ziehen, worauf es ihm im Leben ankommt, was er braucht, um zu überleben und wie er glücklich und effektiv werden kann.

Teilnehmer: ab 12 Jahren

Zeit: ca. 50 Minuten

Material: Papier und Bleistift und für jeden Teilnehmer Filzschreiber und ein großer Bogen Zeichenpapier

Anleitung: Ich möchte, dass ihr euch heute einmal Gedanken darüber macht, was ihr zum Leben braucht, d. h. was die Voraussetzungen dafür sind, dass ihr zum einen überhaupt überleben könnt und dass ihr zum anderen glücklich sein und euch entfalten könnt.

Ihr habt jetzt zehn Minuten Zeit, um alles aufzuschreiben, was euch in diesem Zusammenhang einfällt: Dinge, Menschen, Eigenschaften…

Zeichnet nun in einem nächsten Schritt auf dem Zeichenpapier die Seitenansicht einer Pyramide, also ein großes Dreieck. Stellt euch vor, dass die Dinge, die ihr aufgeschrieben habt, verschiedene Steine einer Pyramide sind. Die wichtigsten Steine einer Pyramide liegen ganz unten. Sie tragen die Last des Ganzen. Dementsprechend sollt ihr die wichtigsten Bestandteile eurer Liste in die unteren Quader schreiben, die nächstwichtigen darüber usw. Habt ihr verstanden, was ich meine?… Ihr habt für eure Aufgabe zehn Minuten Zeit…

Stoppt nun und kommt in Vierergruppen zusammen, damit ihr einander eure Pyramiden des Lebens zeigen könnt… Erklärt den anderen, was euch veranlasst hat, eure Pyramide gerade auf diese Weise zusammenzusetzen und bestimmte Werte hier und nicht woanders einzutragen. Ihr habt 20 Minuten Zeit für diesen Austausch in der kleinen Gruppe…

Kommt nun in den großen Kreis zurück… Lasst uns versuchen, aus euren verschiedenen Quadern eine gemeinsame Pyramide zu bauen, die alles das enthält, was für jeden Menschen unverzichtbar und wichtig ist…

Auswertung

• Wie hat mir das Experiment gefallen?
• Habe ich wichtige Dinge in meiner Pyramide vergessen?
• Gibt es Bedürfnisse und Werte in meiner Pyramide, deren Befriedigung für mich unsicher ist?

- Wer stellt sicher, dass ich meine wichtigen Bedürfnisse befriedigen kann?
- Welcher Wert bzw. welches Bedürfnis steht gegenwärtig im Zentrum meiner Aufmerksamkeit?
- Was möchte ich sonst noch sagen?

Erfahrungen: Das Experiment eignet sich für Gruppen aller Altersstufen.

MANDALA UND MANTRA

(nach Savary)

Ziele: Dieses reizvolle Experiment gibt den Jugendlichen die Möglichkeit, bestimmte Wertvorstellungen und Ideale ins Auge zu fassen und sie intensiv mit der eigenen Person zu verbinden.

Teilnehmer: ab 18 Jahren

Zeit: ca. 70 Minuten

Material: Papier und Bleistift, Zeichenpapier (DIN A3) und Ölkreiden

Anleitung: Ich möchte euch zu einem Experiment einladen, das ebenso euren Verstand beansprucht wie eure Gefühle, eure Intuition und eure Phantasie. Ihr sollt dabei die für euer persönliches Dasein wichtigsten Werte und Ideale bedenken und euch darauf besinnen, was sozusagen die «Pfeiler» eurer Persönlichkeit sind. Schreibt bitte eure wichtigsten Ziele auf, wie zum Beispiel: wahre Freunde, Selbstbewusstsein, Einfluss, Besitz, Dienst am Nächsten usw. ... (5 Min.)

Notiert nun einige Ideale, an die ihr wirklich glaubt, die zum Zentrum eures Lebens gehören, wie zum Beispiel: Friede, Vertrauen, Wahrheit, Aufrichtigkeit usw. ... (5 Min.)

Schreibt jetzt Fähigkeiten und Begabungen auf, auf die ihr stolz seid, zum Beispiel: Kreativität, Treue, Organisationstalent, sportliche Leistungsfähigkeit, zuhören können usw. ... (5 Min.)

Nun notiert, was das Wichtigste ist, das ihr bisher in eurem Leben vollbracht habt, zum Beispiel mit einem Schicksalsschlag fertig geworden zu sein, einen anderen aus einer Gefahr gerettet, eine hervorragende Leistung erbracht, die Liebe eines Menschen errungen zu haben usw. ... (5 Min.)

Schreibt auf, ob es irgendein Symbol gibt, das einen wichtigen Aspekt eurer Persönlichkeit verdeutlicht. Es gibt viele Symbole, auf die ihr zurückgreifen könnt: Der Löwe kann Stärke repräsentieren, eine Kerze das Licht in der Finsternis, der Vogel die Freiheit usw. Überlegt euch ein Symbol für einen Aspekt eurer Persönlichkeit...

Jetzt notiert Dinge, die euch Tränen oder Sorgen gekostet haben, zum Beispiel Angst um einen Freund, eine schwierige Leistung, Streit in der Familie usw. ... (5 Min.)

Nun schreibt Ideale eurer Familie auf, eurer religiösen Gemeinschaft, des Platzes, an dem ihr arbeitet, des Landes, in dem ihr lebt... (5 Min.)

Wenn ihr diese Aufgaben alle erfüllt habt, versucht, aus den verschiedenen Wertkomponenten einen Wert herauszufinden oder neu zu bestimmen, der sozusagen das Zentrum eurer Persönlichkeit ist, der wichtigste Punkt eures gegenwärtigen Lebens, die Kraftquelle, die euch Energie gibt. Schreibt diesen wichtigsten inneren Bezugspunkt auf... (5 Min.)

Lasst euch jetzt von all dem, was ihr bisher vorbereitet habt, inspirieren, um ein Mandala zu zeichnen. Im östlichen Meditationssystem ist das Mandala eine in der Regel symmetrische Figur, ein Kreis, ein Rechteck oder miteinander verbundene Dreiecke mit einem Mittelpunkt, das dem Gläubigen hilft, seine Gedanken und Gefühle miteinander zu verbinden und sich zu konzentrieren. Im Inneren werden die Mandalas weiter gegliedert, um Wertvorstellungen, Ideale, Ziele und Zwecke aufzunehmen. Auf diese Weise sollen die verschiedenen seelischen und geistigen Komponenten zu einem Ganzen zusammengefasst werden. Den Mandalas verwandt sind viele Zeichen im religiösen und weltlichen Bereich, zum Beispiel die Rosette in gotischen Kathedralen, Familienwappen, nationale Fahnen etc.

Ihr sollt nun euer eigenes Mandala malen, das zu euren Werten passt. Die künstlerische Schönheit sollte zurücktreten hinter der Aufgabe, eure Ziele, Werte und Interessen zusammenzufassen und darzustellen. Wählt passende Formen und Farben und schreibt das, was euch wichtig ist, in das gegliederte Innere des Mandala. Achtet darauf, dass ihr den zentralen Wert eurer Existenz in die Mitte des Mandala eintragt. Ihr habt 40 Minuten Zeit, euer Mandala fertig zu stellen...

Zum Schluss sollt ihr unter das Mandala noch ein Mantra schreiben, d. h. drei oder vier Worte, die euch selbst beschreiben bzw. worum es euch in eurem Leben geht, zum Beispiel: «Ich bin ich», oder «Glaube, Liebe, Hoffnung» etc. Ihr habt dafür fünf Minuten Zeit...

Nun gönnt euch fünf Minuten, um euer Mandala zu betrachten. Nehmt es in euch auf, lasst es in euer Unbewusstes einsinken, damit ihr es als Quelle der Inspiration, der Zuversicht und der Energie jederzeit verfügbar habt... (5 Min.)

Ich schlage vor, dass wir jetzt zehn Minuten Pause machen, um anschließend das Experiment auszuwerten...

Auswertung

• Wie hat mir das Experiment gefallen?
• Möchte ich der Gruppe mein Mandala zeigen?
• Welche Aufgaben waren für mich leicht, welche schwer zu erfüllen?
• Habe ich etwas Neues gelernt?
• Wie fühle ich mich jetzt?
• Was möchte ich sonst noch sagen?

Erfahrungen: Voraussetzung für dieses Experiment ist es, dass die Teilnehmer einige Übung darin haben, über sich selbst nachzudenken, und bereits Erfahrung mit leichteren Experimenten zur Wert-Klärung sammeln konnten.

Darüber hinaus ist entscheidend, dass Sie der Gruppe genügend Zeit einräumen, damit jeder entspannt und ruhig die Arbeit vollenden kann, für die der günstigste Zeitpunkt wohl der Vormittag sein dürfte.

Bitte halten Sie auf jeden Fall die Pause nach der Arbeit und vor der Auswertung ein, die notwendig ist, um die Teilnehmer wieder bereit zu machen, ihre Erfahrungen auszutauschen.

25

ABSTIMMEN
(nach Kirschenbaum)

Ziele: Diese einfache Strategie gestattet es den Jugendlichen, schnell und klar eine persönliche Stellungnahme zu Wertfragen abzugeben. Das Experiment hilft vor allem, die vielfältigen Wertdifferenzen innerhalb einer Gruppe schnell zu überblicken und sich auf diese Weise daran zu gewöhnen, dass die eigenen Werte nicht von allen geteilt werden.

Teilnehmer: ab 12 Jahren

Zeit: ca. 30 Minuten

Anleitung: Ich möchte euch Gelegenheit geben, euch mit wichtigen Lebensbereichen zu beschäftigen. Ihr könnt dabei euren eigenen Standpunkt verdeutlichen und gleichzeitig sehen, was andere zu bestimmten Problemen denken. Ich werde euch eine Reihe von Fragen stellen. Wenn ihr eine Frage bejaht, dann hebt den Arm in die Höhe. Wenn ihr sie verneint, streckt den Arm waagerecht aus und zeigt mit dem Daumen nach unten. Wenn ihr unentschlossen oder neutral seid, verschränkt die Arme vor der Brust. Wer sich nicht äußern will, unternimmt nichts. Ihr könnt über all das sprechen, sobald ich meine zehn Fragen gestellt habe. Schaut euch nach jeder Frage um, damit ihr seht, wie die anderen antworten.

Habt ihr verstanden, wie das geht?… Dann wollen wir jetzt beginnen: Sollen Jugendliche selbst entscheiden, welche Kleidung sie kaufen?… Wollt ihr eure Kinder strenger erziehen als ihr selbst erzogen werdet?… Lügt ihr gelegentlich?… Geht ihr zum Geburtstag von Leuten, die ihr nicht mögt?… Habt ihr in der letzten Woche «eine gute Tat» vollbracht?… Darf man seinen Eltern sagen, dass man wütend auf sie ist?… Hat dein Vater genug Zeit für dich?… Möchtest du erfolgreicher sein als dein Vater?… Sind die Amerikaner bessere Menschen als die Russen?… Verdirbt Politik den Charakter?…

Lasst uns das Experiment auswerten und die einzelnen Fragen noch einmal durchgehen. Die erste Frage hieß: «…» Könnt ihr euren Standpunkt begründen? Was habt ihr bemerkt?…

Erfahrungen: Besonders nützlich ist es, wenn Sie diese Strategie im Zusammenhang mit spezifischen Themen verwenden, an denen Sie mit Ihrer Gruppe arbeiten, sodass die Fragen einen gemeinsamen Brennpunkt haben, zum Beispiel Freundschaft, Asylbewerber, Familie, Geld usw. Sie können auch die Jugendlichen selbst Fragen aufschreiben lassen, an denen sie interessiert sind. Dann kann jeweils ein Teilnehmer seine Fragen der Gruppe stellen. Wichtig ist, dass die Listen nicht mehr als zehn Fragen haben. Eine anschließende Diskussion ist meistens sinnvoll.

Für Sie als Gruppenleiter ist es gut, wenn Sie gleichfalls mit abstimmen, allerdings erst dann, wenn alle anderen sich in der Beantwortung bereits entschieden haben.

Schließlich können Sie diese Strategie auch als schnelles Feedback-Instrument einsetzen, indem Sie am Ende einer Sitzung fragen: «Haben wir dieses Thema erschöpfend diskutiert?» – «Seid ihr zufrieden mit dem Verlauf der Stunde?» usw.

26

WERTE UND SYMBOLE

(nach Howe/Howe)

Ziele: Dieses Experiment hilft den Jugendlichen, ihr Wertebewusstsein zu vertiefen. Sie können in der Kleingruppe ihr Verständnis verschiedener zentraler Werte zum Ausdruck bringen und versuchen, auf einen gemeinsamen Nenner zu kommen. Das Experiment regt die Phantasie der Jugendlichen an und eignet sich für alle Altersgruppen.

Teilnehmer: ab 14 Jahren

Zeit: ca. eine Stunde

Material: Arbeitsblatt «Werte und Symbole»

Anleitung: Ich möchte, dass ihr heute einmal darüber nachdenkt, welches Verhältnis ihr zu wichtigen Werten habt, was sie für euch bedeuten, welche Gedanken und Empfindungen sie bei euch auslösen. Das sollt ihr in kleinen Gruppen mit vier Teilnehmern tun. Tut euch also zunächst in Vierergruppen zusammen...

Ihr bekommt nun ein Arbeitsblatt von mir... Wie ihr seht, sind dort fünf Werte aufgeführt. Eure Aufgabe in der Kleingruppe ist es, gemeinsam einen Spaziergang zu machen und für jeden der fünf Werte ein Objekt auszuwählen, das nach eurem gemeinsamen Verständnis am besten zum Ausdruck bringt, welche Rolle dieser Wert in eurem Leben spielt oder spielen soll. Wenn es sich um Gegenstände handelt, die ihr hierher transportieren könnt, dann tut das. Wenn ihr einen Gegenstand entdeckt, der nicht hergebracht werden kann, notiert ihn lediglich in der zweiten Spalte.

Bitte füllt auf eurem Spaziergang euer Arbeitsblatt aus und notiert auch die Gründe, weshalb ihr den jeweiligen Wert ausgerechnet mit diesem Objekt in Verbindung bringt. Einigt euch in eurer Gruppe auf passende symbolische Gegenstände. Ihr habt eine Stunde Zeit. Bitte seid pünktlich zurück, damit wir uns dann über eure Erfahrungen austauschen können...

Auswertung

• Wie gut konnten wir uns einigen?
• Für welche Objekte hätte ich mich entschieden, wenn ich allein gewesen wäre?
• Welche unterschiedlichen Objekte sind jetzt für ein und denselben Wert gebracht worden?
• Habe ich etwas Neues gelernt über mich oder andere?
• Mit welchen Werten würde ich mich bei einer Wiederholung des Experiments gern beschäftigen?

WERTE UND SYMBOLE

Wert	Gegenstand	Gründe für die Auswahl
Schönheit		
Liebe		
Freundschaft		
Wahrheit		
Frieden		

Arbeitsblatt «Werte und Symbole»

27

POSITIVES FEEDBACK
(nach Howe/Howe)

Ziele: Dieses reizvolle Experiment regt die Bereitschaft der Jugendlichen an, einander bewusst wahrzunehmen und sich dabei auf die persönlichen Vorzüge eines anderen zu konzentrieren. Das positive Feedback kann das Selbstwertgefühl des jeweiligen Partners bestärken und das Klima in der Gruppe verbessern. Die Strategie eignet sich besonders für Gruppen, in denen viel kritisiert und «gestichelt» wird.

Teilnehmer: ab 16 Jahren

Zeit: ca. 20 Minuten

Material: Bleistift und Kärtchen

Anleitung: In diesem Experiment sollt darüber nachdenken, welche Vorzüge und Stärken ihr bei anderen Teilnehmern entdecken könnt.

Kommt zunächst in Paaren zusammen und zwar mit einem Partner, den ihr besonders gut kennt…

Verteilt euch im Raum und setzt euch einander gegenüber… Denkt über den Partner nach und schreibt dann alle seine Stärken und Vorzüge auf, die euch einfallen. Sprecht nicht miteinander. Ihr habt dafür drei Minuten Zeit…

Jetzt habt ihr eine Viertelstunde Zeit, um – jeder für sich – einen Spaziergang im Freien zu machen. Ihr sollt drei Gegenstände mitbringen, die jeweils eine der Stärken des Partners symbolisieren. Wenn ihr zum Beispiel einen Gegenstand sucht, der die Empfindsamkeit des Partners zum Ausdruck bringen soll, könnt ihr vielleicht eine kleine Blume mitbringen.

Habt ihr verstanden, worum es geht?…

Dann macht euch jetzt auf den Weg und seid pünktlich zurück. Wenn ihr einander unterwegs begegnen solltet oder wenn ihr zurückgekommen seid, sprecht noch nicht mit eurem Partner und zeigt auch nicht, was ihr mitgebracht habt… (15 Min.)

Setzt euch nun in den Kreis… Jeweils einer von euch soll jetzt zu seinem Partner gehen, ihm die drei mitgebrachten Gegenstände überreichen und ihm erklären, welche Stärken durch sie ausgedrückt werden. Anschließend kann sich der Partner mit seinen Geschenken «revanchieren»…

Auswertung

- Wie hat mir das Experiment gefallen?
- War es leicht, Stärken bei meinem Partner zu entdecken?
- Habe ich vorher mit ihm schon einmal über seine Stärken gesprochen?
- Fällt es mir leicht, die Vorzüge anderer anzuerkennen und auszudrücken?
- Wie habe ich auf das reagiert, was mein Partner mir gesagt hat?
- Werden meine Vorzüge von anderen häufig genug anerkannt?
- Gibt es in dieser Gruppe ein ausgewogenes Verhältnis zwischen Kritik und Anerkennung?
- Wie schwer fiel es mir, passende Gegenstände zu entdecken?
- Was möchte ich sonst noch sagen?

Erfahrungen: Dieses Experiment eignet sich besonders gut für langfristig zusammenarbeitende Gruppen, in denen sich die Teilnehmer gut kennen. Wenn es unmöglich ist, dass die Gruppe ins Freie geht, können Sie die Objekte auch zeichnen und ausschneiden lassen.

ZIEL-BEWUSSTSEIN

(nach Hamlin)

Ziele: Jeder von uns setzt seine Energie für eine Reihe von Zielen ein, auch deshalb, weil er von ihnen profitieren möchte. Allzu oft sind uns die Vorteile, die uns ein Ziel bietet, nicht klar; dasselbe gilt für die Konsequenzen, die wir zu tragen haben, wenn wir ein bestimmtes Ziel zu erreichen trachten.

Dieses anspruchsvolle Experiment hilft älteren Jugendlichen, diesen Zusammenhängen etwas auf die Spur zu kommen.

Teilnehmer: ab 18 Jahren

Zeit: ca. eine Stunde

Material: Papier und Bleistift

Anleitung: Ich möchte euch einladen, über wichtige Ziele und Ideale nachzudenken und euch klarzumachen, wie sehr ihr euch für sie einsetzt, was ihr durch sie gewinnt und was die Konsequenzen für euch sind.

Schreibt gleich fünf wichtige Ziele auf, für die ihr Energie aufwendet, und lasst hinter jedem Ziel fünf bis sechs Zeilen frei. Welche wichtigen Ziele habt ihr? Ihr habt fünf Minuten Zeit…

Jetzt schreibt hinter jeden Punkt, was ihr tut, um dieses Ziel zu erreichen. Ihr habt wieder fünf Minuten Zeit…

Schreibt nun hinter jedes Ziel, welche Vorteile ihr dadurch habt. Auf welche Weise profitiert ihr davon? Liegt der Vorteil im Beifall eines wichtigen Menschen, der gern möchte, dass ihr dieses Ziel erreicht? Hilft es euch, zu Hause oder in der Freundschaft anerkannt zu sein? Habt ihr allein Nutzen davon, oder haben auch andere einen Vorteil dadurch? Zeigt sich der Vorteil in augenblicklicher Befriedigung oder profitiert ihr langfristig davon? Oder trifft beides zu? Ihr habt eine Viertelstunde Zeit für diese Aufgabe…

Nun schreibt noch auf, womit ihr bezahlen müsst, um das Ziel zu erreichen. Was verliert ihr dadurch? Worauf müsst ihr verzichten? Welche Risiken geht ihr ein? Ihr habt wieder fünfzehn Minuten Zeit…

Nun sucht euch einen Partner in der Gruppe und berichtet einander, was ihr notiert habt und was euch bewusst geworden ist. Für euren Austausch habt ihr 20 Minuten Zeit…

Kommt nun zum großen Kreis zurück, damit wir eine gemeinsame Schlussauswertung vornehmen können…

Auswertung

- Wie hat mir das Experiment gefallen?
- Was war das wichtigste, das ich mir erarbeitet habe?
- Habe ich etwas nicht aufgeschrieben, was mir durch den Kopf ging? Habe ich mich selbst zensiert?
- Habe ich Ziele entdeckt, die mir vorher nicht bewusst waren?
- Bin ich damit zufrieden, wie ich meine Energie einsetze?
- Habe ich Ziele herausgefunden, die ich zu teuer bezahle?
- Möchte ich etwas verändern?
- Ärgere ich mich über andere, die erwarten, dass ich bestimmte Ziele verfolge?
- Was möchte ich sonst noch sagen?

Erfahrungen: Es ist wichtig, dass in der Gruppe ein gutes Vertrauensverhältnis besteht und dass die Teilnehmer genügend Zutrauen zu Ihrer Kompetenz als Leiter haben.

Kapitel 2
SCHULE UND
LERNEN

29 WAS IST EIN GUTER LEHRER?

(nach Maid/Wallace)

Ziele: Das Experiment gibt den Jugendlichen die Chance, ihre Einstellung zum Lernen zu überprüfen und den Zusammenhang zwischen Erziehung, Abhängigkeit und Unabhängigkeit zu bedenken. Gleichzeitig können sie einschätzen, in welchem Maße verschiedene Lehrer ihre Selbstständigkeit gefördert haben.

Teilnehmer: ab 16 Jahren

Zeit: ca. 50 Minuten

Material: Arbeitsblatt «Was ist ein guter Lehrer?»

Anleitung: Ich möchte euch heute anregen, über wichtige Aspekte des menschlichen Lernens nachzudenken. Im Grunde genommen lernen wir unser ganzes Leben lang. Kurz nach der Geburt lernen wir, Milch aus der Brust der Mutter zu saugen. Wir lernen, ein Gesicht zu erkennen und anzulächeln, nach einer Rassel zu greifen, zu krabbeln, zu laufen und zu sprechen. Dabei sind es unsere Neugier und unsere Wünsche, die uns in Bewegung setzen und uns Kontakt mit der Umgebung aufnehmen lassen.

Natürlich gelingt uns nicht alles. Manchmal tun wir uns weh und wir machen auch einiges kaputt. Und natürlich sind wir darauf angewiesen, dass unsere Eltern für uns sorgen, uns lieben und uns anerkennen. Am besten ist es für unser Lernen, wenn unsere Misserfolge zur Kenntnis genommen und nicht bestraft werden. Wenn wir in gefährlichen Aktionen zwar Hilfe erhalten, aber keine übermäßigen Angstsignale der Eltern und wenn unsere Erfolge Anerkennung finden. Viele Eltern reagieren auf das selbstständige Lernen ihres Kindes verärgert und verängstigt und fühlen sich überfordert, bei so viel Spontaneität flexibel mitzuhalten. Sie tun viel, um das Kind ihrer eigenen Bequemlichkeit anzupassen, sie machen es abhängig, indem sie die Furcht vor Bestrafung einsetzen, um das Kind von bestimmten Handlungen abzuhalten, indem sie ihre Liebe an das Wohlverhalten des Kindes knüpfen und ihm zu verstehen geben: «Ich habe dich lieb, wenn du das und das tust.» Auf diese Weise wird die äußere Abhängigkeit des Kindes von den Eltern (zum Beispiel Schutz und Nahrung zu erhalten) künstlich durch eine innere verstärkt. Das Lernen erfolgt in Bahnen, die zum großen Teil von den Eltern vorgezeichnet sind. Um die Liebe seiner Eltern nicht zu verlieren, erfüllt das Kind die Erwartungen – gute und eigennützige – seiner Beschützer.

Ähnliche Zusammenhänge ergeben sich später immer wieder, wenn wir bei anderen Menschen in Schule und Ausbildung lernen. Auch die neuen «Be-

schützer» stehen vor der Frage, wieweit sie ihrer inneren Bequemlichkeit zulie-
be unseren Lernprozess übersichtlich und unser Verhalten voraussehbar gestalten, oder wieweit sie um unserer Selbstständigkeit willen die Anstrengung in
Kauf nehmen, Überraschungen und Gefahren mit uns durchzustehen.

Ihr könnt diesen wichtigen Zusammenhängen besser auf die Spur kommen,
wenn ihr das Arbeitsblatt bearbeitet, das ich für euch vorbereitet habe. Ihr habt
dafür 20 Minuten Zeit…

Stoppt nun und kommt in Vierergruppen zusammen und tauscht euch über
eure Notizen aus. Ihr habt für euer Gespräch 30 Minuten Zeit…

Kommt nun zum großen Kreis zurück, damit wir das Experiment gemeinsam
auswerten können…

Auswertung

• Wie hat mir das Experiment gefallen?
• Auf welche Weise haben meine Eltern mein Lernen und meine Selbstständig-
  keit gefördert? Wie haben sie sie behindert?
• Welcher mir bekannte Mensch ist am freiesten und selbstständigsten in sei-
  nem Lernen?
• Welche Auffassung vom Menschen steckt in Prüfungen und Examen?
• Wie hoch schätze ich die Selbstständigkeit ein, die ich mir bisher erarbeitet
  habe?
• Was kann ich tun, um selbstständiger zu werden und kreativer zu lernen?
• Gibt es in dieser Gruppe für mich ein Vorbild in puncto Lernen und Selbst-
  ständigkeit?
• Was möchte ich sonst noch sagen?

Erfahrungen: Wenn Sie genügend Selbstvertrauen haben, können Sie mit den
Schülern darüber sprechen, wie sie Ihr Verhalten als Lehrer unter dem Aspekt
der Erziehung zur Selbstständigkeit sehen.

WAS IST EIN GUTER LEHRER?

Bitte denke einen Augenblick über folgendes Zitat nach «Ein guter Lehrer unterrichtet Schüler, um sie in die Lage zu versetzen, ohne Lehrer auszukommen.»

Was soll deiner Meinung nach dieses Zitat bedeuten?

....

....

....

Stimmst du dieser Behauptung zu? Warum? Warum nicht?

....

....

Was bedeutet Erziehung für dich?

....

....

....

Welche Erfahrung hast du mit Abhängigkeit und Unabhängigkeit in deiner bisherigen Erziehung gemacht?

....

....

....

Welcher deiner Lehrer hat dir am besten geholfen, ein für dein Alter ausgewogenes Verhältnis zwischen Abhängigkeit und Unabhängigkeit zu erreichen? Wie hat er das gemacht?

....

....

....

Wenn du selbst Jugendliche zu unterrichten hättest, worauf käme es dir an? Nenne mindestens drei Grundsätze oder Erziehungsziele, die dich leiten würden:

....

....

....

Weshalb ist es so schwer für die meisten Lehrer (und Eltern), im Sinne des genannten Zitats zu handeln?

....

....

....

Arbeitsblatt «Was ist ein guter Lehrer?»

30 **GEMISCHTES FEEDBACK**

(Vopel)

Ziele: Dieses Experiment ermöglicht es den Jugendlichen, dem Lehrer ihre Eindrücke, ihre Kritik und Wertschätzung mitzuteilen. Sie üben auf diese Weise, sich mit einer für sie wichtigen Autoritätsperson auseinanderzusetzen. Gleichzeitig können sie überprüfen, wieweit ihre Sicht des Lehrers mit dessen Selbstwahrnehmung übereinstimmt. Für Sie als Lehrer oder Gruppenleiter ist dieses Experiment eine Chance, detaillierte Informationen darüber zu bekommen, wie der einzelne Schüler auf Sie reagiert. Da Feedback häufig genauso viel über den Sender wie über den Empfänger aussagt, hilft es auch Ihnen, die Schüler besser zu verstehen, insbesondere hinsichtlich ihrer Beziehung zu Autoritäten. Unterscheiden Sie sorgfältig zwischen Beobachtungen und Wünschen in Bezug auf Ihre Person und Übertragungen und Projektionen der Schüler.

Teilnehmer: ab 14 Jahren

Zeit: ca. 40 Minuten

Material: Arbeitsblatt «Gemischtes Feedback»

Anleitung: Heute möchte ich euch bitten, euch mit mir zu beschäftigen. Ich hoffe, dass sowohl ihr als auch ich davon profitieren werden.

Ich habe einen Fragebogen vorbereitet und bitte euch, ihn auszufüllen. Ich selbst werde ihn auch ausfüllen, soweit das möglich ist. Ich werde ihn als mein jüngerer Doppelgänger beantworten. Ihr habt für eure Arbeit 20 Minuten Zeit…

Rufen Sie dann die Gruppe zum Kreis zurück und gehen Sie gemeinsam Frage für Frage durch. Sie selbst sollten als Erster Ihre jeweilige Antwort veröffentlichen und dann die Teilnehmer bitten, ihre Antworten mitzuteilen.

Auswertung
- Wie hat mir das Experiment gefallen?
- Habe ich etwas Neues über den Lehrer erfahren?
- In welchen Punkten wird der Lehrer von den einzelnen Schülern sehr unterschiedlich gesehen?
- Wie oft sollte das Experiment wiederholt werden?
- Wie lässt sich der Fragebogen verbessern?
- In welcher Atmosphäre verlief diese Sitzung?
- Wie fühle ich mich jetzt?
- Wie mag sich der Lehrer fühlen?
- Trägt dieses Experiment dazu bei, die Beziehung zum Lehrer zu verbessern?

Erfahrungen: Die wichtigste Voraussetzung für das Gelingen dieses Experiments ist es, dass Ihnen an einem differenzierten Feedback gelegen ist und dass Sie weise genug sind, Kritik und Anerkennung ruhig und offen entgegennehmen zu können, und gleichzeitig in der Lage sind, Ihre Selbsteinschätzung freimütig vorzutragen.

Drängen Sie niemanden, mehr von seinen Aufzeichnungen zu veröffentlichen als er möchte.

Je nach Entwicklungsstand der Gruppe ist es ratsam, den Fragebogen evtl. zu verkürzen.

GEMISCHTES FEEDBACK

Hier hast du Gelegenheit, deine Gedanken, Beobachtungen, Hoffnungen und Wünsche in Bezug auf meine Person ausführlicher darzustellen. Bitte ergänze der Reihe nach die folgenden Sätze:

Manchmal erinnert mich der Lehrer an ....

wenn er ....

Wenn der Lehrer sich in eine Pflanze verwandeln würde, wäre er ....

Wenn ich den Lehrer mit einer bestimmten Wetterlage vergleichen wollte, dann denke ich an ....

Zu ihm passt das Sprichwort ....

Äußerlich gefällt mir am Lehrer..

Nicht so gut gefällt mir am Äußeren des Lehrers..

An seiner Art zu unterrichten gefällt mir vor allem...

....

An seiner Art zu unterrichten stört mich manchmal...

....

Im Blick auf den Unterricht wünsche ich mir, dass er...

....

Über Jugendliche denkt er, dass sie...

....

Er schätzt an Jugendlichen ....

Er befürchtet, dass Jugendliche ....

Die fünf wichtigsten Ideale und Ziele dieses Lehrers sind:

1. ....

2. ....

3. ....

4. ....

5. ....

Für ihn heißt Unterrichten ....

Erziehung heißt für ihn..

An seinem Beruf schätzt er vor allem ....

In seinem Beruf belastet ihn vor allem..

Ich verdanke diesem Lehrer ....

Manchmal denkt er über mich ....

Wenn der Lehrer mich um einen wichtigen Rat bäte, würde ich ihm sagen ....

....

....

Arbeitsblatt «Gemischtes Feedback»

FORTSCHRITTE

(Vopel)

Ziele: Je positiver das Selbstkonzept eines Lehrers ist, je mehr er sich selbst schätzen kann, desto besser wird er in der Lage sein, die Entwicklung seiner Schüler großherzig und souverän zu begleiten.

Dieses Experiment kann zum einen das Selbstwertgefühl des Lehrers bestärken, zum anderen macht es die Schüler darauf aufmerksam, dass auch eine Autorität wie der Lehrer gelegentlich eine Aufmunterung brauchen kann. Sie können ihre seelische Energie einmal darauf konzentrieren, dem Lehrer etwas zu geben und nicht nur von ihm zu nehmen.

Teilnehmer: ab 15 Jahren

Zeit: ca. 45 Minuten

Material: Papier, Bleistift, Ölkreiden

Anleitung: Ich möchte, dass ihr heute einmal etwas bei mir versucht, was ich sonst bei euch mache, nämlich Lernfortschritte überprüfen und Anerkennung ausdrücken, wenn euch etwas gelungen ist. Ihr könnt dabei lernen, ein möglichst abgewogenes Urteil abzugeben, und auch ich kann etwas lernen, und zwar umso mehr, je gründlicher ihr über mich nachdenkt. Arbeitet bitte in kleinen Gruppen. Kommt zu viert zusammen...

Eure Aufgabe soll es nun sein, drei Dinge zu erarbeiten. Stellt bitte gemeinsam in der Gruppe fest, wo ich mich im letzten halben Jahr am stärksten verbessert und am meisten dazugelernt habe. Zum Beispiel könnt ihr sagen: «Wir finden, dass wir Sie leichter kritisieren können. Als wir Ihnen sagten, dass Ihre Aufsatzthemen uns nicht besonders gut gefallen, haben Sie ganz ruhig mit uns darüber gesprochen, um zu erfahren, was wir damit meinen und was wir uns wünschen.» Überlegt zweitens, welche meiner Handlungen euch im letzten halben Jahr am meisten gefallen hat; war es der Besuch der Faust-Aufführung oder der Wandertag oder das Gespräch mit dem Direktor in der Affäre X? Drittens möchte ich, dass ihr mir irgendeine wichtige Empfehlung gebt, die mir helfen kann, besser in meinem Beruf und/oder im Leben zurechtzukommen. Ihr könntet mir zum Beispiel sagen: «Lernen Sie, öfter Nein zu sagen, dann überlasten Sie sich nicht und enttäuschen auch andere nicht mit halb oder gar nicht erfüllten Versprechen.»

Achten Sie darauf, dass in jeder Gruppe ein Mitglied die drei Punkte der Aufgabe notiert. Neue und schwierige Aufgaben werden allzu leicht unbewusst verfälscht.

Formuliert eure Eindrücke und Einschätzungen zu den drei genannten Punkten in einigen Sätzen. Dann entwerft eine Urkunde, die ihr mir nachher überreichen könnt. Ihr könnt sie ganz sachlich halten oder verzieren, ganz wie ihr wollt.

Habt ihr verstanden, was ich von euch haben möchte?... Ihr habt 30 Minuten Zeit für eure Aufgabe... *Verlängern Sie die Zeit ggf.*

Ihr sollt nun zunächst kurz berichten, wie ihr in den Kleingruppen gearbeitet habt. Wie schwer war die Aufgabe für euch? Wie habt ihr euch einigen können? Wie war eure Stimmung dabei? Ich möchte gern von jeder Gruppe ein paar Worte hören... Die Gruppen sollen mir nun nacheinander die Urkunden überreichen und dabei laut vorlesen, was sie zu den drei Punkten aufgeschrieben haben...

Vergessen Sie nicht, jeder Gruppe für die Mühe zu danken, die sie in die Aufgabe und in Sie investiert hat.

Auswertung
- Wie hat mir das Experiment gefallen?
- Denke ich gelegentlich darüber nach, dass auch Lehrer und andere Autoritätspersonen dazulernen können bzw. sollten?
- Unter welchen Bedingungen können Erwachsene dazulernen?
- Denke ich bei Lehrern auch manchmal über ihre persönliche Seite nach?
- Worum geht es in diesem Experiment?
- Möchte ich, dass dieses Experiment wiederholt wird? Wenn ja: Wann?
- Wie hat der Lehrer auf die verschiedenen Urkunden reagiert?
- Hat er sich über positive Aussagen gefreut?
- Was möchte ich sonst noch sagen?

Erfahrungen: Es ist nützlich, dieses Experiment dann auszuprobieren, wenn die Klasse selbst Zeugnisse bekommt. Am meisten profitieren Sie als Lehrer davon, wenn Sie diese Strategie in regelmäßigen Abständen – etwa halbjährlich – anwenden.

32 APPLAUS

(nach Wells)

Ziele: Manchmal ist ein Mitglied der Gruppe deprimiert, enttäuscht und einsam. Der Betreffende fühlt sich wenig lebendig und möglicherweise überflüssig. Das damit verbundene geringe Selbstwertgefühl wirkt sich in der Regel als Lernhindernis aus, weil der Betreffende dann viel Energie aufwenden muss, um nach außen einigermaßen die Fassung zu bewahren bzw. um nicht einfach wegzulaufen. Für die geistige Mitarbeit bleibt dann wenig Kraft übrig. In einem solchen Fall haben Sie mit diesem Experiment eine ausgezeichnete Strategie, dem betreffenden Schüler zu einer Aufmunterung und damit zu neuer Energie zu verhelfen.

Teilnehmer: ab 12 Jahren

Zeit: ca. 5 Minuten

Anleitung: Ich möchte euch bitten, mir behilflich zu sein. Mirjam ist heute zu spät gekommen und hat zu allem Übel noch eine Arbeit «verhauen». Wir wollen ihr zeigen, dass sie gleichwohl zu uns gehört und dass sie liebenswert und tüchtig ist. Wir können ihr das dadurch symbolisch ausdrücken, indem wir uns hinstellen und ihr eine Minute lang Beifall spenden, in die Hände klatschen und ihr ermutigende Worte zurufen, zum Beispiel: «Du bist liebenswert und tüchtig, Mirjam. Du gehörst zu uns. Das Leben ist schön» und was sonst einem Menschen gut tun kann, der sich gerade «down» fühlt... (1 Min.) *Fangen Sie selbst an und rufen Sie Mirjam einige ermunternde Worte zu. Stoppen Sie nach einer Minute oder früher, wenn der Beifall schwächer wird.*

Mirjam, ich hoffe, dir hat unser Applaus gut getan... Gibt es noch jemanden in der Klasse, der dieselbe Aufmunterung im Moment vertragen kann?...

Erfahrungen: Dieses Experiment wird dann noch bedeutsamer, wenn Sie es gelegentlich wiederholen, sodass es von den Empfängern als Bestandteil einer verständnisvollen Gruppenkultur erlebt werden kann. Sinnvoll ist es auch, mit der Klasse darüber zu sprechen, welche Variationen sich die Jugendlichen vorstellen und wünschen, um dasselbe psychologische Ziel zu erreichen. In manchen Fällen – besonders wenn Ihnen der Auslöser für das depressive Verhalten eines Teilnehmers nicht bekannt ist – ist es angebracht, zuvor den betreffenden Jugendlichen taktvoll anzuregen, kurz mitzuteilen, was ihn bedrückt. Es ist wichtig, dass allen Beteiligten deutlich ist, was jemanden konkret bedrückt (Anerkennung des Negativen), um dann Verbundenheit auszudrücken.

ERFOLGSKONTROLLE
(nach Canfield)

Ziele: Dieses Experiment hilft den Schülern, mehr Verantwortung für das eigene Lernen zu übernehmen. Dazu sollen sie üben, sich selbst Ziele zu setzen und das Erreichen dieser Ziele selbst zu überprüfen. Indem sie dies öffentlich vor der Gruppe tun, geben sie dem Prozess der Selbstkontrolle mehr Verbindlichkeit und lernen gleichzeitig, eigene Teilziele mit Gruppenzielen zu verbinden. Die Struktur dieser Strategie gestattet es jedem Einzelnen, auch kleinere Ziele zu formulieren und damit auch kleine Erfolge, die sonst leicht übersehen werden, bewusst zu erleben und anderen gegenüber deutlich zu machen.

Teilnehmer: ab 14 Jahren

Zeit: ca. 25 Minuten

Material: Kärtchen für alle Teilnehmer und ein großer Bogen Zeichenpapier. Zeichnen Sie in die Mitte des Bogens schematisch ein Fußballtor mit Torlinie.

Anleitung: Ich möchte euch ein Experiment vorstellen, das ich in den nächsten Wochen praktizieren will. Ihr sollt montags ein paar Minuten über ein Ziel nachdenken, das ihr während der Woche in der Schule erreichen wollt.

Wichtig ist dabei, dass ihr das Ziel ganz genau beschreibt, damit ihr überprüfen könnt, ob ihr das Ziel erreicht habt. Schreibt also nicht: «Ich möchte in Mathematik besser werden», sondern schreibt lieber: «Ich möchte in der nächsten Arbeit eine ‹Drei› schreiben», oder: «Ich möchte mich in jeder Stunde mindestens fünf Mal melden» usw.

Verwenden Sie auf diesen Punkt genügend Zeit, damit die Schüler wirklich verstehen, wie sie realistische und überprüfbare Ziele definieren können.

Nehmt jetzt ein Kärtchen und schreibt ein Ziel auf, das ihr in dieser Woche anstreben wollt. Fügt euren Namen und das heutige Datum hinzu… (5 Min.)

Ich habe ein großes Plakat vorbereitet, auf das ihr gleich eure Kärtchen mit Tesafilm kleben sollt. Bitte benutzt dafür den freien Raum um das Tor herum…

Am nächsten Montag werden wir uns fünfzehn Minuten Zeit nehmen, und alle diejenigen, die ihr Ziel erreicht haben, können ihre Karte dann in das Tor hängen. Dabei werden wir hören, welches Ziel auf welche Weise erreicht wurde. Anschließend könnt ihr dann neue Ziele ins Auge fassen und um das Tor herum aufhängen.

Die Kärtchen mit Zielen, die noch nicht erreicht wurden, bleiben an der alten Stelle hängen, bis ihr euer Ziel erreicht habt.

Erfahrungen: Besprechen Sie mit der Gruppe, wie oft diese Aktivität wiederholt werden soll. Je nach Art der Gruppe kann eine höhere oder geringere Häufigkeit sinnvoll sein. Wichtig ist, dass über nicht erreichte Ziele zunächst nicht gesprochen wird. Das würde den Verstärkungseffekt für die erfolgreichen Schüler mindern und die Verantwortung der nicht erfolgreichen Schüler für ihren Misserfolg abschwächen. Andererseits sollten Sie darauf achten, ob einige Kärtchen, die sehr lange vor dem Tor bleiben, ggf. ein unrealistisches, zu hoch gestecktes Ziel beinhalten. Helfen Sie dann den betreffenden Schülern, ein bescheideneres Ziel ins Auge zu fassen und die Karte auszuwechseln.

Wenn die Karten eine Woche im Tor gehangen haben, werden sie entfernt, um Platz für neue «Treffer» zu machen.

Bei jüngeren Schülern kann die Symbolik noch stärker betont werden, wenn sie ihren Kärtchen die Form eines Fußballs geben.

34 SCHÜLER DER WOCHE

(nach Collins)

Ziele: Ein positives Selbstkonzept können wir leichter entwickeln, wenn wir gelegentlich von anderen hören, dass sie uns mögen, dass sie einiges an uns schätzen und uns in bestimmter Hinsicht für tüchtig halten. Wenn unser Bedürfnis nach Wertschätzung befriedigt ist, benötigen wir weniger Energie für Abwehrmechanismen, und wir können diese Kraft dem Lernprozess zuführen.

Dieses Experiment verhilft einzelnen Schülern zu mehr Selbstachtung und betont in der Klasse eine respektvolle und unterstützende Einstellung zueinander.

Teilnehmer: ab 12 Jahren

Zeit: jeweils ca. 15 Minuten

Material: Papier und Bleistift; je ein Foto des betreffenden Schülers und ein großer Bogen Papier

Anleitung: Ich möchte in dieser Klasse einen neuen Brauch einführen, der allen helfen kann, sich in unserer Mitte noch wohler zu fühlen. Wir werden wöchentlich einen «Schüler der Woche» ehren. Jeder wird nachher seinen Namen auf einen kleinen Zettel schreiben und diesen zu einem Los zusammenfalten. Die Lose werden in einer Schachtel aufbewahrt. Der Klassensprecher zieht am vorletzten Tag der Woche ein Los und gibt den entsprechenden Namen bekannt.

Am nächsten Tag bringt dann dieser Schüler ein Foto von sich mit, das auf einen großen Bogen Papier geklebt wird. Darunter schreibt der Betreffende seinen Namen und sein Alter. Anschließend machen wir uns Gedanken darüber, was uns an diesem Schüler gut gefällt, was wir an ihm persönlich schätzen, was er zu unserer gemeinsamen Arbeit beiträgt und worin er erfolgreich ist. Wer einen Einfall hat, teilt dies mit und schreibt es in einem Satz auf das vorbereitete Plakat mit dem Foto. Ich denke, dass wir auf diese Weise zu jedem Schüler etwa acht bis zehn freundliche Bemerkungen zusammenbekommen werden, die seinem Selbstbewusstsein auf die Beine helfen. Anschließend wird das Plakat an die Wand gehängt, sodass wir von Woche zu Woche eine wachsende Galerie von «Schülern der Woche» erhalten.

Auswertung (nach einer Woche)
- War es leicht für mich, zum «Schüler der Woche» etwas Positives zu schreiben oder zu sagen?
- Wie reagiere ich als «Schüler der Woche» auf die Bemerkungen der anderen?

Erfahrungen: Besprechen Sie mit Ihrer Klasse, ob der wöchentliche Rhythmus passt. Vielleicht möchten die Schüler, dass zwei oder drei von ihnen gleichzeitig durch das Los gewählt werden.

Es ist wichtig, dass Sie auf jeden Fall selbst jedes Mal eine positive Bemerkung hinzufügen.

SECHS FRAGEN
(nach Read/Simon)

Ziele: Viel zu oft erhalten die Schüler im Unterricht den Eindruck, dass es vor allem darauf ankommt, Informationen aufzunehmen und relativ einfache geistige Techniken zu erlernen. Viel zu wenig werden sie angeregt, ein Bewusstsein für den eigenen Prozess des Lernens zu entwickeln, sodass sie in der Lage sind, im Lebensprozess das eigene Lernen beständig in Gang zu halten, es auszudehnen und zu immer komplexeren geistigen Tätigkeiten voranzuschreiten.

Die folgende Strategie regt die Teilnehmer an, eine reflektiertere Einstellung zum eigenen Lernen zu entwickeln. Dazu ist es erforderlich, dass sie häufiger angewendet wird.

Teilnehmer: ab 15 Jahren

Zeit: ca. 15 Minuten

Material: Arbeitsblatt «Sechs Fragen»; die Arbeitsblätter müssen nach dem Ausfüllen kopiert werden.

Anleitung: Wir lernen am besten, wenn wir nicht nur darauf achten, was wir lernen, sondern auch darauf, wie wir lernen. So wichtig Lernen für einzelne Wissensgebiete sein mag, am wichtigsten ist eigentlich, dass wir üben, richtig zu lernen. Ein Mensch, der diese Fähigkeit besitzt, wird immer eine erfreuliche oder wichtige Arbeit finden.

Ich möchte, dass ihr häufiger darüber nachdenkt, wie ihr gelernt habt, damit ihr besser in der Lage seid, euer Lernen selbst zu steuern. Ich habe dazu ein Arbeitsblatt vorbereitet, das ihr ausfüllen sollt. Nach dem Ausfüllen werden wir von jedem Exemplar eine Kopie machen. Ihr behaltet das Original, die Kopie bekomme ich. Sammelt eure Antworten in einem Schnellhefter, damit ihr von Zeit zu Zeit die Entwicklung eures Lernens verfolgen könnt. Ihr habt für eure Arbeit zehn Minuten Zeit…

Wenige Tage, nachdem die Schüler ihre Arbeitsblätter abgegeben haben, sollten Sie eine kurze Auswertung mit der Klasse machen, deren Spielregeln Sie zuvor vereinbaren sollten.

Erfahrungen: Benutzen Sie für dieses Experiment nicht mehr als sechs Fragen. Am besten variieren Sie die Fragen, um die Schüler wach und sensitiv zu halten. Ein guter Rhythmus für dieses Instrument ist dreiwöchig.

Fügen Sie eigene Satzanfänge hinzu und lassen Sie die Schüler Satzanfänge eigener Wahl finden. Sehr sinnvoll ist es, in größeren Abständen die angesammelten Feedbackbögen von den Schülern unter wechselnden Fragestellungen analysieren zu lassen. Weitere Fragen können sein:

Von dem, was ich gelernt habe, war am nützlichsten... Meiner Meinung nach sollte geändert werden... Anwenden konnte ich schon von dem, was ich gelernt habe... Ich hoffe... Ich möchte wissen... Ich bin stolz... Die wichtigsten Gefühle, die ich bei dieser Lerneinheit hatte, waren... Ich mochte gern... Nicht verstanden habe ich... Am liebenswertesten und fähigsten fühle ich mich in der Klasse, wenn... Wenn ich ein Symbol für mich während dieser Lerneinheit auswählen sollte, dann wäre das... Beim Lernen geholfen hat mir... Beim Lernen hat mich blockiert... Richtig «in Gang» gekommen bin ich beim Lernen, als... Ich kam mit dem Lernen in eine Krise, als... Ich möchte folgende Vereinbarung mit mir selbst schließen (dem Lehrer, den Klassenkameraden)... Ich warte darauf, dass... Am wertvollsten ist für mich... Ich denke darüber nach... Heute habe ich... Morgen will ich... Ich freue mich, dass meine Klassenkameraden... Wenn ich der Lehrer wäre... Offener Kommentar:...

SECHS FRAGEN

Bitte ergänze die Satzanfänge und füge weitere Bemerkungen hinzu, wenn du Lust hast.

Für mich war der Höhepunkt dieser Lerneinheit ....
....
....
....
....

Mir wurde klar ....
....
....
....
....

An meinem eigenen Verhalten während dieser Lerneinheit gefiel mir ....
....
....
....
....

Am Verhalten des Lehrers gefiel mir ....
....
....
....
....

Eine Schwierigkeit war ....
....
....
....
....

Mehr wissen möchte ich über/wie ....
....
....
....

Datum........................   Unterschrift:...

36 ERFOLG DES TAGES

(Vopel)

Ziele: Dies ist eine nützliche Strategie, das Bewusstsein der Schüler am Ende des Schultags positiv zu zentrieren.

Teilnehmer: ab 12 Jahren

Zeit: ca. 10 Minuten

Anleitung: Ich möchte, dass ihr euch zum Schluss der Arbeit darauf konzentriert, was ihr gut gemacht habt. In einem Rundgang soll jeder kurz einen Erfolg nennen, den er heute gehabt hat... *Schließen Sie sich selbst mit ein.*

Erfahrungen: Achten Sie darauf, dass jeder mit dem Bewusstsein wenigstens eines kleinen Erfolges nach Hause geht. Wenn einem Schüler nichts einfällt, lassen Sie die anderen helfen oder helfen Sie wenn nötig selbst.

37 WAS MIR WICHTIG IST

(nach Canfield)

Ziele: In der Klasse haben Jugendliche selten Gelegenheit, über Dinge zu sprechen, die ihnen sehr am Herzen liegen. Dieses Experiment gibt ihnen dazu die Möglichkeit. Sie können dabei die Gedanken und Gefühle anderer als wertvoll und bedeutungsvoll erfahren. Auf diesem Wege können sie auch sich selbst als wichtig und wertvoll empfinden lernen.

Teilnehmer: ab 14 Jahren

Zeit: ca. 30 Minuten

Material: eine große Rolle Packpapier. Schneiden Sie mehrere Bahnen davon ab und hängen Sie sie an die Wände oder legen Sie sie auf den Boden. Es ist wichtig, dass mehrere Schüler gleichzeitig auf demselben Papier arbeiten können; Filzschreiber und Wachsmalkreiden.

Anleitung: Ich möchte euch ein Experiment vorschlagen, bei dem ihr einander besser kennenlernen könnt. Jeder von euch soll gleich auf die grossen Packpapierbahnen etwas zeichnen, ein Symbol oder ein Bild von etwas, was ihm wichtig ist, womit er sich innerlich beschäftigt, was er mag oder nicht mag, was er liebt oder hasst. Nehmt euch Filzschreiber oder Wachsmalstifte und sucht euch einen Platz am Papier. Teilt das Papier zunächst durch senkrechte Striche auf und zwar immer im Abstand von ca. 40 cm. Ihr habt für eure Arbeit eine Viertelstunde Zeit…

Schreibt euren Namen über euer Bild. Geht dann herum und seht euch an, was die anderen gemalt haben… (5 Min.)

Lassen Sie anschließend jeden Jugendlichen ein paar Sätze zu seinem Bild sagen: was er gezeichnet hat und wie seine innere Beziehung dazu ist.

Auswertung

• Wie hat mir das Experiment gefallen?
• Wer hat etwas Ähnliches gemalt wie ich?
• Über wen habe ich etwas Neues erfahren?
• Wie fühle ich mich im Augenblick in der Gruppe?
• Was möchte ich sonst noch sagen?

Erfahrungen: Dieses scheinbar simple Experiment hat in der Regel starke Auswirkungen auf die Schüler und fördert in der Gruppe Respekt und gegenseitige Wertschätzung.

38 WIE LERNE ICH?

(nach Hamlin)

Ziele: Ziel dieses Experiments ist es, dass die Schüler entdecken, wie sie innerlich und äußerlich auf eine intellektuelle Aufgabe und das dafür notwendige Lernen reagieren. Nur wenn ich bemerke, was und wie ich etwas tue, kann ich meinen Lernprozess sinnvoll steuern, unerwünschtes Verhalten aufgeben, Pausen zum richtigen Zeitpunkt machen, Gedanken von Gefühlen trennen usw. Ohne Selbstbeobachtung werde ich leicht zum Spielball widersprüchlicher Gefühle, Hoffnungen und Befürchtungen.

Teilnehmer: ab 15 Jahren

Zeit: ca. 40 Minuten

Anleitung: Bitte bearbeitet folgende Aufgabe… *Stellen Sie der Klasse eine Aufgabe aus Ihrem Fachgebiet, an der jeder schriftlich zu arbeiten hat. Es ist wichtig, dass Sie dieses Experiment nicht als solches ankündigen, weil die spezifischen Erkenntnisse sonst durch innere Reaktionen auf das Experiment selbst verdunkelt werden. Unterbrechen Sie die Arbeit der Schüler nach fünf bis zehn Minuten.*

Stoppt jetzt und analysiert die vergangenen Minuten unter der Fragestellung: «Wie gehe ich an eine Aufgabe heran? – Wie lerne ich?» Schreibt zunächst auf, was ihr, äußerlich gesehen, getan habt, als ich euch die Aufgabe gab, z. B. das Buch genommen, auf den Nägeln gekaut, den Kugelschreiber herausgesucht etc. Könnt ihr dabei verschiedene Arbeitsphasen unterscheiden?… (5 Min.)

Schreibt nun auf, was ihr bei anderen Aufgaben charakteristischerweise, äußerlich gesehen, tut… (5 Min.)

Schreibt jetzt auf, wie ihr reagiert habt, was ihr gedacht und gefühlt habt, als ich euch die Aufgabe stellte, z. B. die Zähne zusammengebissen, den Bauch angespannt, schnell geatmet etc. Vergesst nicht die Empfindungen eures Bauches, eure Unlust vielleicht, Kopfschmerzen usw. … (5 Min.)

Schreibt auf, wie ihr üblicherweise innerlich reagiert, wenn ihr an eine Aufgabe herangeht… (5 Min.)

Schreibt nun ein paar Sätze auf zu dem Thema: «Wie ich eine Aufgabe anpacke – Wie ich lerne». Beschreibt, welche Befehle ihr euch gebt, wie ihr euch antreibt, wie ihr euch blockiert, euch unterbrecht, was ihr vermeidet, worauf ihr euch konzentriert, was eure Hoffnungen sind und eure Befürchtungen, wie ihr eure Energie einsetzt und in welche Richtung ihr sie lenkt. Ihr habt zehn Minuten Zeit…

Stoppt nun und lasst uns darüber sprechen, was ihr herausgefunden habt…

Auswertung

- Wie hat mir das Experiment gefallen?
- Habe ich etwas Neues über mich erfahren?
- Wieweit treibe ich mich selbst bei einer Aufgabe an? («Du musst das tun, damit ein anderer gut über dich denkt.»)
- Wieweit lasse ich mich von einer Aufgabe anziehen? («Ich will sehen, was passiert, wenn ich meine geistige Energie auf diese Aufgabe lenke.»)
- Was sind meine wichtigsten Vermeidungsmanöver?
- Wie kann ich es erreichen, mich nicht unter Druck zu setzen und gleichwohl zu lernen?
- Gönne ich mir genügend Pausen beim Lernen?
- Wie belohne ich mich nach getaner Arbeit?
- Was möchte ich sonst noch sagen?

Erfahrungen: Sie sollten dieses Experiment einige Male überraschend praktizieren, damit die Schüler die erforderliche Genauigkeit der Selbstbeobachtung beim Lernen einüben können.

Fragen Sie sich auch sorgfältig, wieweit Ihr eigener didaktischer Stil Lernblockaden der Schüler noch verstärkt. Suchen Sie gemeinsam nach Abhilfe.

39 KONZENTRATION

(Vopel)

Ziele: In diesem Experiment können die Schüler den wichtigen Unterschied zwischen Konzentration und Anstrengung erkennen. Viele Menschen spannen sich an, wenn sie etwas tun wollen, was von ihnen als schwierig oder neuartig eingestuft wird. Sie atmen flach und gehen mit relativ hohem körperlichen und geistigen Druck vor. Das strengt an, es fehlt dann oft die notwendige Flexibilität, und die Ergebnisse sind unbefriedigend.

Anders ist es bei der Konzentration. Statt ängstlich und mit blindem Eifer operiere ich hier im Vollgefühl meiner Kraft. Da ich davon ausgehe, dass ich genügend Kraft habe, setze ich sie dosiert und sparsam ein, geistig und körperlich. Ich atme tief und entspannt, bin flexibel und funktioniere entsprechend besser, weil ich mein Vorgehen schneller an die Erfordernisse der Aufgabe anpassen kann.

Teilnehmer: ab 16 Jahren

Zeit: ca. 10 Minuten

Anleitung: Ich möchte mit euch ein kleines Experiment ausprobieren, das einen wichtigen Sachverhalt beim Lernen beleuchtet. Es geht dabei um die optimale Dosierung von Energie. Wenn ich eine Aufgabe zu bewältigen habe – besonders gilt das für schwierige –, dann bin ich in der Gefahr, ängstlich zu reagieren. Ich stelle dann mehr Energie bereit für die anstehende geistige oder körperliche Handlung, als ich eigentlich brauche. Dabei spanne ich die Muskulatur des Körpers an und atme zusätzlich noch flach. Die flache Atmung gestattet mir, die Angst nicht so stark zu spüren. Andererseits bewirkt sie, dass mein Körper zu wenig Sauerstoff erhält und ich schneller ermüde. Wenn ich auf diese Weise an eine Aufgabe herangehe, dann nenne ich das «mich anstrengen».

Ganz anders gehe ich vor, wenn ich mich für einen Stil entscheide, den man «Konzentration» nennt. Ich gehe dann eher mit der inneren Einstellung von Neugier und Zuversicht an die Sache heran und mobilisiere nur so viel Energie, wie ich von Augenblick zu Augenblick brauche. Mein Körper bleibt locker, und ich atme gleichmäßig und ziemlich tief. Ich kann mein Vorgehen – da ich locker bin – leicht korrigieren und an die wechselnden Erfordernisse der Aufgabe gut anpassen.

Ich werde euch gleich ein interessantes Experiment vorschlagen, bei dem ihr versuchen könnt, zwischen Anstrengung und Konzentration zu unterscheiden. Sucht euch dazu einen Partner aus, der ungefähr gleich schwer und gleich stark ist wie ihr…

Verteilt euch paarweise im Raum und stellt euch in einem Abstand von zwei Armlängen eurem Partner gegenüber…

Stellt nun eure beiden Füße dicht nebeneinander und berührt mit euren senkrecht gestellten Handinnenflächen die Handinnenflächen des Partners…

Euer Ziel soll es nachher sein, den Partner aus der Balance zu bringen und selbst stehen zu bleiben. Dabei gelten einige Spielregeln: Wenn der Partner einen oder beide Füße umsetzt, während ihr selbst unverrückt stehen bleibt, dann habt ihr einen Punkt gewonnen. Wenn der Partner sich an euch festhält, weil er zum Beispiel die Balance zu verlieren droht oder wenn er euch sonst an irgendeiner anderen Stelle eures Körpers berührt, habt ihr gleichfalls einen Punkt gewonnen. Wenn beide Partner die Balance verlieren, bekommt niemand einen Punkt.

Ihr braucht euch nicht ständig an den Handinnenflächen zu berühren. Ihr könnt sie zum Beispiel schnell wegziehen oder einen Angriff simulieren, um so den Partner zu verwirren und aus der Balance zu bringen. Wenn ihr den Partner berührt, darf es jedoch nur mit der flachen, senkrecht gestellten Handinnenfläche sein, und ihr dürft nur seine Handinnenfläche berühren.

Achtet darauf, dass ihr die Regeln einhaltet und dass ihr euch selbst nicht verletzt. Beginnt jetzt… (1 1/2 Min.)

Stoppt jetzt und sucht euch einen neuen Partner mit vergleichbarer Körperkraft… (1 1/2 Min.)

Stoppt und wechselt erneut den Partner… (1 1/2 Min.)

Kommt nun zum großen Kreis zurück… Was habt ihr bemerkt?…

Auswertung

- Wie hat mir das Experiment gefallen?
- Habe ich den Unterschied zwischen Anstrengung und Konzentration bemerkt?
- Was geschah, wenn ich mich anstrengte?
- Was geschah, wenn ich mich konzentrierte?
- In welchen Situationen strenge ich mich beim Lernen an (in welchen Fächern, bei welchen Lehrern, bei welcher Aufgabe)?
- In welchen Situationen konzentriere ich mich beim Lernen (in welchen Fächern, bei welchen Lehrern, bei welcher Aufgabe?
- Was möchte ich sonst noch sagen?

Erfahrungen: Das Experiment bringt viel Spaß und ist eine ausgezeichnete Illustration des Sachverhalts. Damit der Transfer der Einsichten auf die üblichen geistigen Lemsituationen gelingt, müssen die beiden vorletzten Auswertungsgesichtspunkte ausführlich diskutiert werden.

40 DIE KUNST DER PAUSE

(Vopel)

Ziele: Eine wichtige Voraussetzung für konstruktives Lernen ist der richtige Rhythmus von Aktivität und Pause. Auch wenn ich konzentriert lerne (vgl. Experiment 39) und meine Energie sparsam dosiere, werde ich nach einiger Zeit ermüden. Wenn ich die eigenen Ermüdungssymptome deutlich erkenne, kann ich mir rechtzeitig eine Pause gönnen und das Lernen kurzfristig unterbrechen. Ich vermeide damit, mich zu überfordern und brauche später keine Entschuldigungen und Ausflüchte zu erfinden, um Begründungen für mein Pausenbedürfnis zu haben. Stattdessen kann ich bald wieder an meinen Aufgaben arbeiten, bis ich erneut ein Erholungsbedürfnis feststelle.

Dieses Experiment hilft den Jugendlichen zunächst einmal, die Berechtigung von Erholungspausen einzusehen und nach individuellen Formen kurzer Erholungzeit zu suchen. Ihnen als Lehrer wird auf diese Weise ebenfalls geholfen, weil Sie mit weniger Störungen zu rechnen haben, mit denen überforderte Schüler reagieren.

Teilnehmer: ab 12 Jahren

Zeit: ca. 5 Minuten

Anleitung: *Geben Sie für dieses Experiment nicht von vornherein ein Ziel an. Lassen Sie die Gruppe fünfzehn Minuten intensiv an irgendeiner fachlichen Aufgabe arbeiten.*

Unterbrecht bitte einen Augenblick eure Arbeit. Ich möchte euch eine kurze Erholungspause gönnen. Immer wenn wir lernen, verbrauchen wir körperliche, geistige und seelische Energie. Wenn wir den richtigen Zeitpunkt für eine kurze Unterbrechung der Arbeit versäumen, weil wir unser Erholungsbedürfnis übersehen, dann kann die Qualität unserer geistigen Tätigkeit sehr leiden. Wir sind nur mit halber Aufmerksamkeit dabei, machen Fehler, wünschen uns, wir könnten etwas anderes tun. Wir fangen an, uns zu unterhalten und zu stören. Ich weiß nicht, wieweit ihr im Augenblick bereits an diesem Punkt angelangt seid, wo ihr eine Pause wirklich benötigt. Ich möchte euch jedoch demonstrieren, welche wohltuende Wirkung ein kurzes Auftanken mit Energie haben kann.

Dazu möchte ich euch ein kleines Entspannungsexperiment vorschlagen. Stellt euch aufrecht hin oder legt euch auf den Boden, ganz wie ihr wollt…

Schließt die Augen und bringt euren Körper in eine solche Position, dass ihr das Gefühl habt, gut ausbalanciert zu sein und es wirklich bequem zu haben…

Gönnt Augen und Ohren eine Ruhepause und wendet euren Geist nach innen… Achtet auf euren Körper… Was bemerkt ihr dort?… (20 Sek.)

Jetzt stellt euch vor, dass die Erde ein riesiger Energieball ist, aus dem ihr etwas abzapfen könnt, um euch stark und gut zu fühlen. Ihr könnt euch zum Beispiel vorstellen, dass die Energie summt und brummt, oder ihr könnt euch vorstellen, dass die Energie warm ist und leuchtet, oder alles zusammen, ganz wie ihr wollt... (20 Sek.)

Lockert jetzt eure Füße und stellt euch vor, dass die Energie der Erde in eure Füße einströmt... (10 Sek.)

Lockert jetzt die Knöchel und lasst die Energie die Beine hinaufströmen... Lasst jetzt Beine, Knöchel und Füße empfinden, wie die Energie aus der Erde durch sie hindurchströmt... (10 Sek.)

Lasst jetzt die Energie durch das Becken fließen... und euer ganzer Körper unterhalb der Hüften kann diese Energie aus der Erde spüren... (10 Sek.)

Jetzt lasst die Energie durch Arme und Hände fließen... (10 Sek.)

Lasst die Energie durch den Bauch fließen... (10 Sek.)

Lasst die Energie jetzt durch den Magen und durch die Brust fließen bis hinauf zur Kehle... (10 Sek.)

Und jetzt lasst die Energie noch weiter fließen durch eure Augen und durch das Gehirn nach oben bis zum Scheitel des Kopfes... Fühlt den Energiestrom von den Füßen bis zum Scheitel... (20 Sek.)

Merkt euch diese Möglichkeit, euch Energie aus der Erde zu holen. Immer, wenn ihr eure «Batterie» aufladen wollt, könnt ihr die Energie durch eure Füße in den Körper überströmen lassen. Es ist immer genügend Energie da. Ihr müsst euch nur die Zeit dafür nehmen...

Kommt jetzt mit eurem Bewusstsein zur Gruppe zurück und fühlt euch ausgeruht und erfrischt...

Öffnet die Augen, wenn ich bis 3 gezählt habe. 1... 2... 3...

Bitte setzt eure Arbeit fort und achtet nun selbst darauf, wann für euch der nächste Zeitpunkt kommt, wo ihr den Eindruck habt, dass ihr eine kurze Unterbrechung brauchen könnt.

Diesmal sollt ihr selbst herausfinden, auf welche Weise ihr euch erfrischen könnt. Die einzige Bedingung dabei ist, dass ihr andere, die im Augenblick keine Pause machen wollen, nicht bei der Arbeit stört. Ihr könnt zum Beispiel eine Zeit lang aus dem Fenster schauen, euch ein Glas Wasser holen, einige tiefe Atemzüge machen oder in eurer Phantasie ein erfrischendes Bad im Ozean nehmen.

Unterbrechen Sie die Arbeit nach weiteren fünfzehn Minuten und werten Sie für den Rest der Stunde das Experiment aus.

Auswertung

- Wie hat mir das Experiment gefallen?
- Habe ich in der zweiten Viertelstunde ein Pausenbedürfnis bei mir festgestellt? Woran habe ich das bemerkt?
- Wie habe ich für meine Erholung gesorgt? Was habe ich getan?
- Woran merke ich sonst, dass ich eine erfrischende Pause brauche?
- Wie sorge ich normalerweise für Erholung?
- Was habe ich von meinen Eltern über Erholungspausen gelernt?
- Wie sorgt mein Vater für seine Erholung?
- Wie sorgt meine Mutter für ihre Erholung?
- Was möchte ich sonst noch sagen?

Erfahrungen: Wiederholen Sie dieses Experiment und variieren Sie dabei die konzentrative Übung, indem Sie aus den Bänden «Power-Pausen»* oder «Meditationen für Jugendliche»* geeignete Variationen auswählen. Rechnen Sie damit, dass viele Menschen unbewusst ein schlechtes Gewissen haben, wenn sie eine Pause machen. Das trifft besonders für die sogenannten «faulen» Schüler zu. Im Hintergrund steht hier häufig ein besonders hohes Leistungsideal, dem der betreffende Schüler nicht gerecht werden kann. Die wenigsten von uns haben gelernt, Konzentration und Arbeit mit Rückzug und Erholung sinnvoll abwechseln zu lassen. – Überzeugen Sie sich daher häufig durch kurze Rückfragen, wieweit jeder einzelne Schüler mit der Technik individueller Kurzpausen zurechtkommt bzw. wieweit die kollektiven Pausen, die Sie einschalten müssen, für Ihre Gruppe angemessen sind.

---

*Beide erschienen bei iskopress, Salzhausen

FORSCHENDES LERNEN

41

(nach Maue)

Ziele: Oft lernen wir im Blick auf genau definierte Zwecke und Ziele, sodass unsere geistige Selbstständigkeit, unsere Fähigkeit, relevante Fragestellungen zu entwickeln, unsere Neugier und Kreativität dabei verkümmern. Das gilt in hohem Maße für schulisches Lernen, sodass die Jugendlichen beim Schulabschluss überwiegend als geistig unselbstständige Menschen ihre weitere Ausbildung oder Berufstätigkeit antreten.

Für den weiteren Lebensweg sind damit zunehmend gewisse Risiken verbunden. Geistige Selbstständigkeit und Originalität sind gerade heute eine der besten Versicherungen gegen Arbeitslosigkeit und die damit verbundenen psychosozialen Schäden.

Dieses Experiment hat einerseits diagnostischen Wert. Jeder Jugendliche kann herausfinden, wieweit er wirklich selbstständig und kreativ eine Aufgabe anpacken und lernen kann. Zum anderen bietet das Experiment einen guten Einstieg in forschendes Lernen. Da die Jugendlichen etwas scheinbar Zweckloses tun, müssen sie ihre Erfahrungen stärker beachten und selbst herausfinden, was sie aus ihnen Sinnvolles ableiten können.

Teilnehmer: ab 16 Jahren

Zeit: ca. 6 Stunden

Material: für jeden Schüler zwei Knäuel Bindfaden oder Garn in unterschiedlichen Farben, eine Schere, Notizblock und Bleistift

Anleitung: Ich möchte euch heute zu einem ungewöhnlichen Experiment einladen, das ich selbst nicht ganz überblicke. Ich weiß nur, dass es eine ausgezeichnete Möglichkeit ist, etwas ganz Neues zu lernen, viel zu beobachten, Fragen zu stellen und vielleicht anschließend geistige Ordnung in die eigenen Erfahrungen zu bringen. Das Ganze ist ein kleines Forschungsprojekt, bei dem zunächst kein großer Sinn zu entdecken ist und wo selbst mögliche Ergebnisse oder Hypothesen schwer vorauszusehen sind.

Jeder von euch soll nachher ein paar Enden Bindfaden verschenken. Ihr werdet auf die Straße gehen und dreißig Leuten ein Stück Bindfaden anbieten. Dazu bekommt jeder zwei Rollen verschiedenfarbigen Bindfaden. Lasst jede Person, der ihr Bindfaden anbietet, selbst entscheiden, wie lang das Stück sein soll. Schreibt auf, welche Farbe ein Passant wählt, wie lang sein Stück ist und macht dann einige Angaben über ihn selbst, wie er aussieht, wie er gekleidet ist, Mann oder Frau, Alter, Sprechweise und was euch sonst auffällt. Wenn ihr eure dreißig Stücke verschenkt habt, dann sollt ihr einen kleinen Bericht schreiben und eure

Erkenntnisse und Schlussfolgerungen hinzufügen. Anschließend werden wir die Berichte gemeinsam durchsprechen und das Experiment auswerten.

Ihr habt sechs Stunden Zeit für den praktischen und den theoretischen Teil des Experiments…

Auswertung

• Wie hat mir das Experiment gefallen?
• Was war leichter für mich, der praktische oder der theoretische Teil?
• Was habe ich bei dem praktischen Teil über mich und über andere gelernt?
• Was habe ich bei dem theoretischen Teil über mich gelernt?
• Was sagt mir das Experiment über meine geistige Selbstständigkeit?
• Welche praktischen Fähigkeiten und inneren Einstellungen möchte ich nach den Erkenntnissen dieses Experiments für mich ausbauen?
• Wie kann ich das tun?
• Habe ich sonst genügend Gelegenheit für Lernprojekte, die meine Selbstständigkeit herausfordern?
• Was möchte ich sonst noch sagen?

Erfahrungen: Schlagen Sie dieses Experiment nur dann vor, wenn Sie selbst genügend neugierig auf die Ergebnisse sind oder wenn Sie sich sogar selbst beteiligen. Sinnvoll ist es sicher auch nur dann, wenn es den Auftakt bildet für weitere Projekte forschenden Lernens.

42

ANERKENNUNG

(nach Weinstein)

Ziele: Oft ist es sinnvoll, Anfang und Ende von Lernprozessen mit Ritualen zu gestalten. Die großen Einschnitte im Lernprozess werden auf diese Weise betont und die Bedeutung, die die Gesellschaft ihnen beimisst, wird hervorgehoben (Schuleintritt, Schulentlassung). Die wichtigen Abschlüsse und Anfänge während des langen Lernprozesses selbst werden allzu oft informell gehalten. Der einzelne Lernende bleibt auf sich gestellt und wird zu wenig in die auch psychologisch überaus notwendige kollektive Erfahrung einbezogen.

Es ist deshalb sinnvoll, häufiger mit der Gruppe am Anfang und am Ende von Lerneinheiten geeignete Rituale zu praktizieren, die der Bedeutung des Lernprozesses gerecht werden, die Zugehörigkeit des Einzelnen betonen und die schwierigen inneren Vorgänge des Anfangens und des Beendens zu erleichtern.

Die hier vorgeschlagene Strategie eignet sich für den Abschluss von Kursen, Arbeitsgemeinschaften und ähnlichen abgrenzbaren Lernphasen. Der positive Fokus hilft, Abschied zu nehmen.

Teilnehmer: ab 14 Jahren

Zeit: ca. 30 Minuten

Anleitung: Zum Abschluss unserer gemeinsamen Arbeit möchte ich ein Experiment vorschlagen, bei dem wir uns noch einmal darauf konzentrieren können, was für uns positiv war, was unser Lernen begünstigt hat. In einem Rundgang kann jeder ausdrücken, was ihm an dem ganzen Kurs gefallen hat, er kann sich bei dem einen oder anderen Gruppenmitglied für etwas bedanken, was er von diesem an Anregungen oder Unterstützung bekommen hat; er kann uns mitteilen, welche Lernerfahrung für ihn ganz besonders wichtig war, und natürlich kann er auch mitteilen, worauf er selbst stolz ist, was er hier für sich erreicht hat. Ich möchte betonen, dass jeder völlig frei ist sich zu äußern oder einfach zu sagen: «Ich möchte nichts sagen». Ein Freiwilliger beginnt und dann fährt sein linker Nachbar fort usw. …

Erfahrungen: Wichtig ist, dass Sie zuvor der Gruppe Gelegenheit gegeben haben, «Reste» auszusprechen und zu verarbeiten, wozu vor allem auch die Beschäftigung mit Beanstandungen und angesammeltem Ärger gehört. Der positive Fokus darf nicht als Mäntelchen für übergangene negative Erfahrungen missbraucht werden.

43 WAS ICH GELERNT HABE

(nach Howe/Howe)

Ziele: Die Struktur dieses Experiments betont den Wert des einzelnen Gruppenmitgliedes dadurch, dass ihm Zeit eingeräumt wird, über sich zu sprechen. Zum anderen betont es die Wichtigkeit des Lernens und die Fähigkeit des Einzelnen, sich etwas Neues anzueignen. So wird den Jugendlichen geholfen, ein positives Selbstkonzept zu entwickeln.

Teilnehmer: ab 14 Jahren

Anleitung: Ich möchte euch in den kommenden Wochen Gelegenheit geben, den anderen davon zu berichten, was ihr in letzter Zeit Wichtiges gelernt habt. Dabei sollt ihr euch auf einen wichtigen Punkt konzentrieren, der für euch persönlich bedeutsam ist und der auch für die anderen interessant sein könnte. Vor allem denke ich dabei an Dinge, mit denen ihr euch außerhalb der Schule beschäftigt, zum Beispiel eine neue Sportart, ein Hobby, eine Reise, ein Buch, das ihr gelesen habt, oder interessante Erfahrungen, die ihr sonst gemacht habt, in der Familie, mit Freunden usw. Wichtig ist dabei, dass ihr sagen könnt: «Hier habe ich etwas gelernt, was für mich bedeutsam war, was mir weiterhilft, woraus ich Konsequenzen ziehe, worüber ich zur Zeit noch nachdenke usw. Wenn ich andere darüber informiere, werden sie mich besser verstehen, meine Schwierigkeiten und Probleme, meine Interessen und meine Situation, und vielleicht rege ich sie an, etwas Ähnliches zu versuchen oder darüber nachzudenken.»

Ich denke, dass jede Woche einmal einer von euch an die Reihe kommen kann. Ihr seid frei, von dieser Möglichkeit Gebrauch zu machen oder nicht. Lasst uns für einen Monat im Voraus festlegen, wer diese Gelegenheit wahrnehmen möchte und wie viel Zeit er dafür benötigt. *Es ist zweckmäßig eine zeitliche Obergrenze zu bestimmen je nach Alter der Gruppenmitglieder.*

Der Freiwillige soll sich auch Gedanken darüber machen, in welcher Form er die Zeit nutzen will, ob er zum Beispiel ein Referat halten, ob er sich zusätzlich befragen lassen will, ob er Demonstrationsmaterial heranziehen möchte usw. Er hat für diese Zeit die Leitung der Gruppe. Was haltet ihr von dieser Idee?...

Auf jede Selbstdarstellung sollte eine kurze Auswertung folgen.

Auswertung

• Wie war der Kontakt zwischen dem Freiwilligen und der Gruppe?
• Was habe ich als Freiwilliger profitiert?
• Wie habe ich mich bei der Leitung der Gruppe gefühlt?
• Habe ich Anregungen von dem Freiwilligen bekommen? Welche?

- Was hat mir an seiner Vorgehensweise gefallen? Was hätte ich lieber anders gehabt?
- Habe ich selbst Lust, mich als Freiwilliger zu melden?
- Was möchte ich sonst noch sagen?

Erfahrungen: Diese Serie hilft, das Gruppengefühl zu entwickeln und mehr Respekt voreinander zu bekommen.

MEIN GEHEIMER KUMPEL

(nach Howe/Howe)

Ziele: In vielen Klassen gelten Spielregeln aus der Erwachsenenwelt. Die Jugendlichen empfinden einander früh als Konkurrenten um die besseren Noten usw. Die älteren Jugendlichen sehen einander als zukünftige Rivalen im Verteilungskampf von Arbeitsplätzen und Verdienstmöglichkeiten. Die psychologisch notwendige Bildung von tief gehenden Freundschaften mit Gleichaltrigen wird dadurch schwieriger, und viele Jugendliche fühlen sich innerlich einsam und liebebedürftig, auch wenn sie das nur schwer sich selbst, geschweige denn anderen gegenüber eingestehen.

Dies ist eine einfache und sehr wichtige Strategie, die der Klasse hilft, ein freundliches und unterstützendes Klima zu entwickeln. Der einzelne Jugendliche wird angeregt, bewusst darüber nachzudenken, auf welche Weise er einem anderen Aufmerksamkeit und Freude bereiten kann.

Teilnehmer: ab 12 Jahren

Anleitung: Ich möchte euch ein Experiment vorschlagen, das euch allen helfen kann, euch in unserer Klasse akzeptiert und zu Hause zu fühlen. Jeder Mensch hat das Bedürfnis als Person mit eigenen Gefühlen betrachtet zu werden, und jeder braucht etwas liebevolles Verständnis, um sich sicher fühlen zu können und Spaß am Lernen zu haben. Wenn wir überwiegend durch «Stärke» oder zumindest durch Verteidigung für unsere Sicherheit sorgen müssen, dann verbrauchen wir sehr viel Kraft, die uns dann an anderer Stelle fehlt. Um glücklich zu sein, brauchen wir genügend Hinweise, dass wir gemocht und geliebt werden.

Ich vermute, dass ihr oft genug andere Mitglieder der Klasse als Konkurrenten seht und dass ihr häufig vergleicht, wer den anderen übertrifft. Wenn solche Gedanken im Vordergrund eurer Beziehungen stehen, dann muss das sehr anstrengend sein und euch das Gefühl der Einsamkeit vermitteln. Um einen kleinen Ausgleich zu schaffen, habe ich dieses Experiment ausgewählt, das ich in der nächsten Zeit mit euch erproben möchte.

Ihr werdet nachher ein Los ziehen können mit dem Namen eines anderen Gruppenmitgliedes. Dieser Klassenkamerad wird dann für die nächsten drei Wochen euer «geheimer Kumpel» sein, d. h. es wird eure Aufgabe sein, ihm mindestens fünf Mal eine Freude zu bereiten. Dabei gelten folgende Spielregeln:

1. Ihr dürft euch nicht zu erkennen geben. Sagt niemandem, wen ihr durch euer Los gezogen habt.
2. Ihr entscheidet selbst, auf welche Weise ihr dem Betreffenden eine Freude macht, ob ihr ihn zu euch einladen wollt, ihm eure Hilfe anbietet, ihm eine

kleine schriftliche Botschaft schickt oder ihm ein Stück Obst unter den Tisch legt usw. Kein Geschenk darf mehr als einen Euro kosten.

3. Versucht herauszufinden, wie euer Schützling auf eure Freundlichkeit reagiert. Macht euch auch sonst Gedanken, auf welche individuelle Weise euer Schützling zu erfreuen ist.

4. Nach drei Wochen setzen wir uns dann wieder zusammen, um die erste Runde auszuwerten. Dann soll jeder erfahren, wer sich um sein Wohlergehen gekümmert hat und wir können auch neu losen, um eine zweite Runde zu beginnen.

Auswertung (nach drei Wochen)

• Wie sind die Teilnehmer zurechtgekommen, die einen ihnen gut bekannten Klassenkameraden gezogen haben im Vergleich zu denen, die ein eher unbekanntes oder für sie schwieriges Gruppenmitglied erlosten?

• Muss ich jemanden gern haben, um ihm gelegentlich eine Freude bereiten zu können?

• Habe ich die für mich bestimmten Überraschungen wahrgenommen oder zum Teil übersehen?

• Wie habe ich auf die mir erwiesenen Freundlichkeiten reagiert?

• Was hat mich am meisten gefreut?

• Wie vielfältig waren die freundlichen Gesten, mit denen experimentiert wurde?

• Habe ich irgendwann geahnt, wer mich gelost hat?

• Wie genau sind die Spielregeln eingehalten worden?

• Habe ich etwas Neues über meinen «geheimen Kumpel» erfahren?

• Habe ich etwas Neues über mich gelernt?

• Wie leicht fällt es mir, ein Geschenk zu machen?

• Wie leicht fällt es mir, ein Geschenk entgegenzunehmen?

• Wie schätze ich die Gruppensituation ein im Blick auf Konkurrenzverhalten?

• Was habe ich in meiner Familie über den Austausch freundlicher Gesten gelernt?

Erfahrungen: Für das Gelingen dieses Experiments ist es außerordentlich wichtig, wie die Gruppe Sie als Leiter wahrnimmt und ob die Jugendlichen die hier ausgedrückten Überzeugungen mit dem von Ihnen vermittelten und praktizierten Wertsystem verbinden können. In manchen Gruppen ist es sinnvoll, zu Beginn ein Brainstorming zu machen über verschiedene Möglichkeiten, einem anderen Freude zu bereiten, um die Phantasie entsprechend anzuregen.

Diskutieren Sie mit den Jugendlichen, über wie viele Runden das Experiment fortgesetzt werden soll. Eine Runde ist mit Sicherheit zu wenig.

45 **WAPPEN**

(nach Goodman)

Ziele: Dieses Experiment gibt dem Jugendlichen Gelegenheit, sich mit anderen darüber auszutauschen, wie er seine eigene Stellung in der Klasse einschätzt, wo er Stärken und Schwächen der Gruppe sieht und wie er seine Beziehung zu Ihnen als Lehrer erlebt.

Teilnehmer: ab 14 Jahren

Zeit: ca. 45 Minuten

Material: Zeichenpapier und Wachsmalkreiden

Anleitung: Ich möchte euch Gelegenheit geben, euch einmal mit unserer Klasse zu beschäftigen, mit dem Platz, den ihr hier gefunden habt, mit dem, was ihr hier schätzt bzw. vermisst, und auch mit mir als eurem Lehrer.

Ihr sollt ein Wappen entwerfen, das ihr in sechs Felder unterteilt. In jedes Feld sollt ihr nachher ein kleines Bild oder ein Symbol malen, das ausdrückt, was ihr über eine bestimmte Frage denkt. Die Fragen, um die es geht, lauten:

1. Wie sehe ich mich selbst in der Klasse?
2. Wie sehen mich meine Klassenkameraden?
3. Worin sehe ich den größten Vorzug dieser Klasse?
4. Worin sehe ich die größte Schwäche dieser Klasse?
5. Wie sieht mich der Lehrer?
6. Wie sehe ich den Lehrer?

Schreiben Sie diese Fragen neben die Skizze eines Wappens auf ein großes Plakat. Nummerieren Sie die eingezeichneten sechs Felder des Wappens.

Ich möchte betonen, dass es völlig unwichtig ist, wie schön oder zeichnerisch vollkommen eure Bilder sind. Es geht nur darum, dass ihr eure Phantasie und eure Kreativität nutzt, um diese Fragen zu beantworten. Ich glaube, dass die Antworten auf diese Art viel handfester ausfallen, als wenn ihr nur Worte benutzen würdet. Entscheidet selbst, welche Form ihr eurem Wappen geben wollt, wie groß es sein soll, welche Farben ihr verwendet und ob ihr ein Bild zeichnet, ein Symbol oder eine Art Cartoon. Habt ihr verstanden, was ich von euch möchte?... Ihr habt 30 Minuten Zeit für eure Aufgabe.

Stoppt nun und sucht euch einen Partner, mit dem ihr euch über euer Wappen austauschen wollt. Ihr habt zehn Minuten Zeit für euer Gespräch...

Nun kommt zum großen Kreis zurück... Hängt eure Bilder an die Wand. Wir wollen uns Zeit nehmen, um von Bild zu Bild zu gehen und zu sehen, was jeder dargestellt hat, und dann gemeinsam besprechen, was für euch wichtig ist...

Auswertung

- Wie hat mir das Experiment gefallen?
- Welche Frage war für mich am schwersten zu «beantworten»?
- Über welchen Teil meines Wappens möchte ich am liebsten sprechen?
- Welcher Teil meines Wappens bringt ein Problem zum Ausdruck, das ich gern lösen möchte?
- Was möchte ich sonst noch sagen?

Erfahrungen: Betonen Sie ausdrücklich, dass dies kein Zeichenwettbewerb ist, denn viele Schüler haben die Unbefangenheit verloren, sich frei im Bild auszudrücken. Zeichnen Sie nach Möglichkeit auch selbst ein Wappen. Sie ermutigen dadurch die Gruppe sehr, auch Probleme anzusprechen. Da verhältnismäßig viele Problembereiche angesprochen werden, ist es gut, mit der Klasse gemeinsam zu überprüfen, was sie in der Sitzung erledigen konnten und ob Sie ggf. offen gebliebene Probleme in einer nächsten Sitzung weiter besprechen wollen.

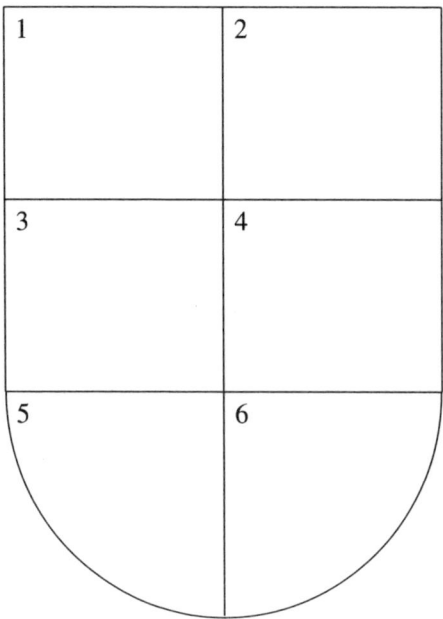

46 BESTANDSAUFNAHME

(nach Read)

Ziele: Diese diagnostische Strategie kann dem Gruppenleiter helfen, zu Beginn einer Arbeitseinheit, eines Kurses, eines Semesters, wichtige Informationen von den Jugendlichen über ihre Bedürfnisse, Hoffnungen, Erwartungen und Lernziele zu erhalten. Die geistige Selbstständigkeit und Lernbereitschaft der Jugendlichen wird angeregt, weil sie über ihre Ziele nachdenken und ihre Wünsche ausdrücken können, wie sie diese Ziele erreichen wollen. Sie als Lehrer sollten anschließend mit der Klasse in Verhandlungen eintreten, um Ihre Möglichkeiten mit den institutionellen Bedingungen und den Wünschen der Jugendlichen zu verbinden.

Teilnehmer: ab 16 Jahren

Zeit: ca. 45 Minuten

Material: Arbeitsblatt «Bestandsaufnahme»

Anleitung: Ich möchte, dass ihr den kommenden Kurs mitgestaltet. Damit wir gut zusammenarbeiten können, ist es wichtig, dass jeder genügend Verantwortung für die Aufgabe übernimmt. Die Aufgabe besteht darin, dass in diesem Kurs genügend gelernt wird. Ich bin hauptsächlich dafür verantwortlich, euch Hilfestellung beim Lernen zu geben, mit dafür zu sorgen, dass die Klasse als Gruppe funktioniert und Hindernisse für eure Selbstständigkeit aus dem Weg zu räumen. Außerdem gehört zu meiner Verantwortung, die Vorschriften der Institution zur Geltung zu bringen.

Zu eurer Verantwortung gehört, so weit wie möglich Einfluss darauf zu nehmen, was und wie gelernt wird. Dazu gehört auch, dass jeder in der Gruppe sich entfalten und Spaß an der Arbeit haben kann.

Bitte bearbeitet als ersten Beitrag einen Fragebogen, den ich für euch vorbereitet habe. Wir werden ihn anschließend gemeinsam auswerten und besprechen, welche Konsequenzen sich daraus ergeben und was wir gemeinsam umsetzen können. Ich selbst werde den Fragebogen ebenfalls gemäß meiner persönlichen Interessenlage ausfüllen. *Frage 3 muss für Sie heißen: «Was erwarte ich von den Schülern?» und Frage 8: «Wie charakterisiere ich meinen Lehrstil?»*

Schaut euch den Fragenkatalog an und sagt mir, wie viel Zeit ihr für die Bearbeitung braucht…

Auswertung
- Wie hat mir das Experiment gefallen?
- Was sind die Vorteile und Nachteile einer Mitbestimmung der Lernenden im Blick auf einen Kurs?
- Welche Frage war für mich schwer zu beantworten?
- Welche Frage ist für mich am wichtigsten?
- Wie passen die Erwartungen der Mitglieder zueinander?
- Wie passen die Erwartungen der Teilnehmer mit den Anforderungen der Institution und den Möglichkeiten des Lehrers zusammen?
- Welche praktischen Schlussfolgerungen, Spielregeln und Pläne sollen formuliert werden?
- Was möchte ich sonst noch sagen?

Erfahrungen: Vergleichen Sie Ihre eigenen Antworten mit denen der Jugendlichen und machen Sie rechtzeitig auch auf die von der Institution vorgegebenen Soll-Werte aufmerksam. Arbeiten Sie mit der Gruppe auf einen realistischen Arbeitsvertrag hin.

Gegebenenfalls können Sie in einem Brainstorming Strukturen entwickeln, die den Jugendlichen helfen, ihren Lernstil und ihre Interessen zu berücksichtigen (dazu gehören u.a. Spielregeln, Richtlinien, Zeitgestaltung, Lerngegenstände, Arbeitsformen usw.).

BESTANDSAUFNAHME

Die Antworten auf die unten abgedruckten Fragen sollen helfen, die Gestaltung der gemeinsamen Arbeit ebenso stark an den Bedürfnissen der Kursteilnehmer zu orientieren, wie an den durch die Institution vorgegebenen Zielen und den Möglichkeiten und Interessen des Unterrichtenden. Bitte beantworte deshalb die folgenden Fragen möglichst genau:

1. Aus welchen Gründen nimmst du an diesem Kurs teil? ....
....
....
....
....
....

2. Welchen Beitrag willst du selbst dazu leisten? ....
....
....
....
....

3. Was erwartest du von dem Unterrichtenden? ....
....
....
....
....

4. Was erwartest du von dir selbst? ....
....
....
....
....

5. Was erwartest du von den anderen Teilnehmern? ....
....
....
....
....

Arbeitsblatt «Bestandsaufnahme»

6. Welche speziellen Interessen, Themen oder Fragestellungen sollen aus deiner Sicht Bestandteil der gemeinsamen Arbeit sein?...

....

....

....

....

7. Was möchtest du auf keinen Fall? ....

....

....

....

....

8. Wie charakterisierst du deinen eigenen Lernstil: (wie, wo, wann und mit wem lernst du am besten?) ....

....

....

....

....

9. Was möchtest du durch deine Teilnahme an diesem Kurs für dich erreichen?

....

....

....

....

10. Offener Kommentar: ....

....

....

....

....

....

....

....

ICH KANN NICHT

(nach Castillo)

Ziele: Oft möchten wir etwas verändern, fühlen uns jedoch unfähig, uns entsprechend anders zu verhalten. Aus dieser Sackgasse können wir leichter herauskommen, wenn wir Verantwortung für unser Unvermögen übernehmen und aus dem «Ich kann nicht» ein «Ich will nicht» machen. Der entscheidende «Trick» dabei ist, dass wir uns nicht länger durch eine tatsächliche oder gespielte Ohnmacht lähmen, sondern unser Bewusstsein darauf konzentrieren, dass wir sozusagen Herr unserer Aktionen sind, dass wir es in der Hand haben, zu den verschiedenen Möglichkeiten unseres Verhaltens Ja oder Nein zu sagen.

Auch für Jugendliche kann dies eine wichtige Erkenntnis bedeuten im Blick auf Widerstände beim Lernen gegenüber Autoritäten oder gegenüber den Klassenkameraden. Solange sie glauben, dass es eine rätselhafte innere Macht ist, die sie abhält, Vokabeln zu lernen, pünktlich zum Unterricht zu erscheinen, ihre Meinung zu sagen etc., können sie ihren Widerstand, Rückzug oder ihre Aggression mystifizieren und sich hinter Unwissenheit verschanzen. Sobald sie lernen, Nein zu sagen, kommen sie in Bewegung und werden leichter in der Lage sein, an für sie passenden Stellen auch Ja zu sagen.

Teilnehmer: ab 14 Jahren

Zeit: ca. 50 Minuten

Material: Papier und Bleistift

Anleitung: Ich möchte mit euch heute an einer sehr schwierigen Frage arbeiten. Wahrscheinlich seid ihr nicht in der Lage, euch in diesem Punkt zu verändern. (*Das ist eine paradoxe Gesprächseröffnung, die für etwas geistige Unruhe sorgen wird.*) Ich habe dabei alle die Schwierigkeiten im Auge, denen ihr hilflos gegenübersteht. Macht euch zunächst einmal eine Liste der Probleme, mit denen ihr euch herumschlagt, z.B. «Ich muss zu viele Vokabeln lernen» – «Der Kunstunterricht ist blöd.» – «Um 8 Uhr in der Klasse zu sitzen, ist eine Qual.» usw. Ihr habt dafür zehn Minuten Zeit…

Nun verwandelt alle diese Sätze in «Ich kann nicht»-Aussagen. Aus «Ich muss zu viele Lateinvokabeln lernen» wird dann «Ich kann nicht so viele Lateinvokabeln lernen» bzw. aus «Der Kunstunterricht ist zu blöd» wird «Ich kann ihn nicht akzeptieren» usw. Habt ihr verstanden, was ich meine?… Ihr habt wieder zehn Minuten Zeit…

Nun ersetzt in allen Sätzen das «Ich kann nicht» durch ein «Ich will nicht» und fügt etwas hinzu, was der Grund dafür ist oder was ihr befürchtet. Aus dem

Satz «Ich kann nicht so viele Vokabeln lernen» wird nun «Ich will nicht so viele Vokabeln lernen». Der Grund könnte sein: «Wenn ich mir Mühe gebe und trotzdem nicht genügend im Kopf behalte, dann muss ich an meiner Begabung zweifeln.» Aus dem Satz «Ich kann den Kunstunterricht nicht akzeptieren» wird «Ich will den Kunstunterricht nicht akzeptieren.» Ein Grund könnte sein: «Wenn ich ihn akzeptiere, müsste ich auch anerkennen, dass ich das starke Bedürfnis habe, vom Kunstlehrer anerkannt zu werden; und ich bin mir nicht sicher, ob er mich mag, weil ich kein besonderes Zeichentalent habe.» Ihr habt fünfzehn Minuten Zeit…

Stoppt nun und sucht euch einen Partner, mit dem ihr euch austauschen wollt. Ihr habt eine Viertelstunde Zeit für euer Gespräch…

Kommt nun zum großen Kreis zurück, damit wir das Experiment gemeinsam auswerten können…

Auswertung

- Wie hat mir das Experiment gefallen?
- Welcher der drei Schritte war für mich am schwersten?
- Habe ich etwas Neues gelernt?
- Frage ich mich manchmal, welche spezifischen Befürchtungen hinter meinen Ablehnungen stecken?
- Wie leicht kann ich ein klares Nein aussprechen?
- Auf welche Weise bringe ich ein indirektes Nein zum Ausdruck?
- Was ist der Preis, den ich für ein direktes oder indirektes Nein in den verschiedenen Schulbereichen zu zahlen habe?
- Was möchte ich sonst noch sagen?

Erfahrungen: Dieses Experiment ist verhältnismäßig anspruchsvoll. Machen Sie deutlich, dass die Erkenntnis komplizierter innerer Zusammenhänge nicht automatisch dazu führt, dass dieses Problem sich auflöst. Der Vorteil liegt eher darin, dass der Einzelne nach neuen und wirksameren Strategien suchen kann, um mit den Schwierigkeiten fertig zu werden.

Achten Sie darauf, dass bei der Auswertung im Plenum an genügend vielen Beispielen deutlich wird, worum es geht.

48 GRUPPE MALT GRUPPE

(Vopel)

Ziele: Dieses reizvolle Experiment hilft dem Einzelnen, besser zu erkennen, wie er selbst von anderen gesehen wird. Gleichzeitig kann sich jeder gründlich darüber Gedanken machen, wie er andere Gruppenmitglieder sieht und was er als ihre Besonderheiten betrachtet. Auf spielerische Weise werden viele Daten gewonnen, die die Gruppensituation transparenter machen und der Klasse helfen, näher «zusammenzurücken».

Teilnehmer: ab 14 Jahren

Zeit: ca. 80 Minuten

Material: zwei große Packpapierbögen, einige Schachteln Ölkreiden

Anleitung: Ich möchte euch zu einem Experiment einladen, bei dem jeder die Möglichkeit hat auszudrücken, wie er eine Reihe anderer Teilnehmer sieht. Andererseits erfährt jeder, wie er von anderen gesehen wird. Dazu ist es notwendig, dass ihr euch in zwei gleich große Gruppen aufteilt. Ein Teil von euch kann sich am Fenster versammeln, der andere Teil an der Tür…

Schaut euch in eurer Gruppe um… Seid ihr zufrieden mit eurer Mannschaft, oder wollt ihr noch etwas verändern?…

Ich möchte euch nun sagen, was zu tun ist. Jede Gruppe soll ein Bild der anderen Gruppe malen. Auf diesem Bild soll jedes Gruppenmitglied dargestellt werden, und zwar auf symbolische Weise. Sucht für jedes Mitglied der anderen Gruppe ein passendes Zeichen, das es charakterisiert. Zum Beispiel könntet ihr für einen Schüler, der immer besonders «tiefschürfende» Beiträge bringt, einen Bohrturm malen; oder einen Schüler, der besonders freiheitsliebend ist, könntet ihr als Adler darstellen. Ihr müsst euch also klarmachen, worin ihr wichtige Merkmale des Einzelnen seht und euch dann fragen, wie ihr ihn darstellen wollt.

Ihr sollt in Teams arbeiten, und ihr müsst euch einigen über eure Ideen und darüber, wie ihr sie nachher zu Papier bringt. Macht euch auch Gedanken, wie ihr die einzelnen Symbole anordnen wollt. Auch damit könnt ihr einiges ausdrücken. Bitte schreibt nichts in euer Bild. Die andere Gruppe soll später raten, wer wo dargestellt ist.

Habt ihr verstanden, worum es geht?… Ihr habt für eure Aufgabe eine Stunde Zeit… *Stellen Sie sicher, dass die Teilgruppen in getrennten Räumen arbeiten können.*

Kommt nun zum Kreis zurück… Eine Gruppe soll nun ihr Bild auf den Fußboden legen, und die dargestellten Mitglieder der anderen Gruppe sollen sich um das Bild herumsetzen. Wer eine Vermutung darüber hat, wo er dargestellt ist, kann das mitteilen und vielleicht auch seine Begründung für diese Vermutung äußern. Diejenigen, die das Bild gemalt haben, sollen zunächst noch nicht sagen, ob jemand mit seinen Vermutungen richtig liegt. Die anderen haben zehn Minuten Zeit, um herauszufinden, wo sie dargestellt sind...

Nun soll die Gruppe, die das Bild gemalt hat, uns erklären, wer wo dargestellt ist und was sie sich dabei gedacht hat... (10 Min.)

Wiederholen Sie den Vorgang für die zweite Gruppe und eröffnen Sie dann die Schlussauswertung.

Auswertung

- Wie hat mir das Experiment gefallen?
- Konnte ich mich leicht erkennen?
- Wie hat mich die Gruppe gesehen?
- Welche Eigenschaften hat sie besonders betont?
- Wie reagiere ich gefühlsmäßig auf die Darstellung? Bin ich einverstanden? Bin ich enttäuscht?
- Wie haben wir in den Teilgruppen zusammengearbeitet?
- Wie leicht oder wie schwer war die Aufgabe für uns?
- Wie haben wir uns geeinigt?
- Wie haben wir die Teilaufgaben verteilt?
- Habe ich etwas Neues über mich gelernt?
- Habe ich etwas Neues über einen anderen gelernt?
- Was möchte ich sonst noch sagen?

Erfahrungen: Betonen Sie bei der Aufgabenstellung, dass es nicht darum geht, ein Kunstwerk zu schaffen sondern um den Gebrauch von Phantasie und die Entwicklung von Ideen.

TELEGRAMM

(nach Hawley)

Ziele: Dieses Experiment hilft dem Lehrer, neben dem informellen Feedback (wenn Schüler nicken oder den Kopf schütteln, lächeln, Erstaunen zeigen oder kurze Bemerkungen machen) von Zeit zu Zeit ein formelles Feedback darüber einzuholen, wie die Schüler mit Unterrichtsinhalten und –prozeduren zurechtkommen. Damit die Schüler ernsthaft mit Ihnen kooperieren, ist es erforderlich, dass Sie zu Beginn der nächsten Stunde auf ihre Mitteilungen eingehen und mit ihnen über mögliche Konsequenzen sprechen. Wenden Sie diese Strategie in den letzten fünf Minuten einer Unterrichtsstunde an.

Teilnehmer: ab 12 Jahren

Zeit: ca. 5 Minuten

Material: Papier und Bleistift

Anleitung: Ich möchte gern, dass ihr die letzten fünf Minuten dieser Stunde dazu benutzt, kurz über ihren Verlauf nachzudenken. Teilt mir eure Gedanken in einem «Telegramm» mit, das nicht mehr als elf Worte enthalten darf. Ich bin an eurem Urteil interessiert, was ihr über die Inhalte denkt, mit denen wir uns beschäftigt haben, wie ihr unsere Arbeitsform empfunden habt, was ihr über das Arbeitstempo denkt, ob es Dinge gibt, die ihr nicht verstanden habt usw. Ich werde eure Mitteilungen aufmerksam studieren, um in der nächsten Stunde mit euch darüber zu sprechen, was wir gemeinsam besser machen können. Ihr könnt eure «Telegramme» unterzeichnen oder anonym abgeben, ganz wie ihr wollt. Bitte beginnt jetzt. Ihr habt fünf Minuten Zeit…

Erfahrungen: Auch diese Strategie wird erst dann wirksam, wenn sie periodisch angewendet wird und wenn das folgende Auswertungsgespräch (am nächsten Tag) benutzt wird, die gemeinsame Arbeit tatsächlich zu verbessern.

50 VERANTWORTUNG

(nach Ehrlich)

Ziele: In diesem Experiment können die Schüler klären, wer in ihren Augen mit dafür verantwortlich ist, dass sie in der Schule lernen. Sie können spezifische Aussagen darüber machen, worin sie ihre eigene Verantwortung sehen und die anderer Beteiligter, insbesondere die des Lehrers, die der Mitschüler und der Eltern.

Das Experiment hilft den Jugendlichen, bei der wichtigen Aufgabe des Erwachsenwerdens zunehmend mehr Verantwortung für das eigene Verhalten zu übernehmen und eine entsprechende innere Einstellung zu entwickeln.

Teilnehmer: ab 14 Jahren

Zeit: ca. 30 Minuten

Material: Papier und Bleistift

Anleitung: Ich möchte euch anregen, heute einmal darüber nachzudenken, wer alles dafür verantwortlich ist, dass ihr hier im Unterricht lernt. Stellt eure Einschätzung bildlich dar, indem ihr einen Kreis malt. Der ganze Kreis soll die gesamte Verantwortung für euer Lernen in der Klasse darstellen. Dann fragt euch: «Wie viel von der ganzen Verantwortung trage ich? Wie viel trägt der Lehrer?» Fragt euch auch, ob noch andere Leute an der Verantwortung beteiligt sind, zum Beispiel eure Eltern, die Mitschüler usw. Ihr könnt den Kreis dann in unterschiedlich große Tortenstücke aufteilen, die zum Ausdruck bringen, wie viel Verantwortung euch selbst bzw. den anderen beteiligten Personen zufällt. Habt ihr verstanden, was ich meine?... *Zeichnen Sie nach Möglichkeit ein entsprechendes Modell an die Tafel und erklären Sie das Konzept des Diagramms.* Ihr habt fünf Minuten Zeit für diese Aufgabe...

Schreibt nun für alle an der Verantwortung beteiligten Personen möglichst genau auf, wofür sie im Einzelnen in euren Augen verantwortlich sind. So könnte einer vielleicht schreiben: «Meine Eltern sind dafür verantwortlich, dass ich während meiner Schulzeit einen Platz habe, an dem ich ungestört arbeiten kann.» Oder ihr könntet schreiben: «Der Lehrer ist dafür verantwortlich, dass ich die Welt nicht nur mit den Augen meiner Eltern sehe.» Und einer von euch schreibt vielleicht: «Meine Mitschüler sind dafür verantwortlich, dass ich mich in der Klasse wohl fühle.» Ihr habt für diesen Teil der Aufgabe zehn Minuten Zeit...

Nun stoppt und kommt in Vierergruppen zusammen. Vergleicht eure Darstellungen und findet heraus, wo es gemeinsame bzw. unterschiedliche Auffassungen gibt. Ihr habt für euer Gespräch eine Viertelstunde Zeit...

Kommt nun zum großen Kreis zurück… Jede Gruppe soll kurz von ihrer Arbeit berichten…

Auswertung

• Wie hat mir das Experiment gefallen?
• Gehöre ich zu den Teilnehmern, die die eigene Verantwortung für das Lernen betonen?
• Wofür fällt es mir schwer, Verantwortung zu übernehmen?
• Habe ich anderen Verantwortung zugeschoben, die ich nur selbst tragen kann?
• Was möchte ich sonst noch sagen?

Erfahrungen: Es ist wichtig, dass Sie mit den Schülern realistisch klären, wer wofür verantwortlich ist. Außerdem ist es gut, wenn Sie mit der Klasse zu geeigneten Zeitpunkten gemeinsam überprüfen, wieweit jeder seiner spezifischen Verantwortung nachkommt.

ZIELE DES LEHRENS

(nach Hawley/Hawley)

Ziele: Dieses Experiment soll das Verständnis zwischen Lehrer und Schülern vertiefen. Die Schüler können zum Ausdruck bringen, an welchen Zielen der Lehrer seinen Unterricht orientieren soll. Der Lehrer kann deutlich machen, welche Ziele seinen persönlichen Bedürfnissen und seinem Selbstverständnis als Lehrer entsprechen.

Teilnehmer: ab 16 Jahren

Zeit: ca. 40 Minuten

Material: Arbeitsblatt «Ziele des Lehrens»

Anleitung: Ich möchte gern mit euch darüber sprechen, welche Ziele ich eurer Meinung nach im Unterricht verfolgen sollte bzw. welche Ziele mir persönlich besonders am Herzen liegen. Vielleicht können wir besser miteinander auskommen, wenn jeder vom anderen etwas mehr weiß und wenn jeder versucht, auf einige Wünsche des anderen einzugehen.

Ich habe ein Arbeitsblatt vorbereitet, das ihr in den nächsten 20 Minuten bearbeiten sollt... *Benutzen Sie diese Zeit, um Ihre eigenen wichtigsten Ziele zu bestimmen und sie dann ebenfalls in eine Rangreihe zu bringen. Gleichzeitig können Sie versuchen, die fünf Ziele zu ermitteln, die Ihrer Meinung nach von den Schülern am häufigsten gewünscht werden.*

Nun kommt zum Kreis zurück... Lasst uns zuerst einen gewissen Überblick bekommen, welche Ziele euch besonders wichtig sind, und lasst uns dann eure Ziele mit meinen Zielen vergleichen. Zunächst soll jeder in einem Rundgang mitteilen, welches Ziel er an die Spitze seiner Rangreihe gesetzt hat...

Nun schlage ich vor, dass nacheinander jeder seine fünf ausgewählten Ziele mitteilt und dass wir dabei festhalten, welche Ziele von euch insgesamt wie häufig gewünscht werden. *Lassen Sie eine entsprechende Strichliste anfertigen.*

Jetzt möchte ich euch sagen, was ich selbst als meine wichtigsten Ziele betrachte...

Wer von euch hat damit gerechnet, dass meine Ziele so aussehen?...

Besprechen Sie anschließend mit den Schülern, wie beide Seiten es anstellen können, sich auf die besonderen Wünsche des anderen einzustellen.

Auswertung

- Wie hat mir das Experiment gefallen?
- Welche fünf Ziele sind von der ganzen Klasse besonders betont worden?
- Wieweit sind die Ziele der Klasse mit denen des Lehrers zu vereinbaren?
- Wie genau habe ich mich in die Ziele des Lehrers bzw. der Schüler einfühlen können?
- Was können Schüler und Lehrer praktisch tun, damit jeder hinsichtlich der eigenen Ziele einigermaßen zu seinem Recht kommt?
- Was möchte ich sonst noch sagen?

Erfahrungen: Je älter die Schüler sind, desto eher können sie spezifische Verhandlungen über die verschiedenen Zielwünsche führen. Dabei gilt der Grundsatz: Wenn eine Partei sich für ein Ziel einsetzen will, das ihr schwer fällt, dann darf sie erwarten, dass die andere Seite ihr ebenfalls etwas gibt, was möglicherweise für sie schwierig ist.

ZIELE DES LEHRENS

Die unten abgedruckte Liste enthält verschiedene Ziele, an denen ein Lehrer seinen Unterricht orientiert.

1. Interesse oder Engagement für das Unterrichtsfach wecken.
2. Den Schülern helfen, analytisch denken und komplizierte Aufgaben erledigen zu lernen.
3. Den Schülern helfen, persönliche Probleme zu lösen.
4. Sicherstellen, dass die Schüler fachspezifische Fertigkeiten erwerben.
5. Darauf hinarbeiten, dass die Schüler ein positives Selbstbild entwickeln.
6. Auf jeden Schüler individuell eingehen.
7. Die Kreativität der Schüler fördern.
8. Dafür sorgen, dass Ruhe und Ordnung in der Klasse herrschen.
9. Lernprobleme einzelner Schüler erkennen und die Betroffenen unterstützen.
10. Raum geben für Initiative und Verantwortung der Schüler.
11. Die ästhetischen Begabungen der Schüler wecken.
12. Den Schülern helfen, eigene Wertvorstellungen zu entwickeln.
13. So unterrichten, dass der Lehrer von den Schülern als guter Fachmann geschätzt wird.
14. Sich so geben, dass der Lehrer von den Schülern persönlich gemocht wird.
15. So auftreten, dass er von den Schülern als Autorität respektiert wird.

Du kannst drei weitere Ziele hinzufügen, die dir wichtig erscheinen:

16. ....
17. ....
18. ....

Nun wähle die fünf Ziele aus, die du für besonders wichtig hältst und bringe diese fünf in eine Rangreihe, indem du sie von 1 bis 5 nummerierst.

( ) ....
( ) ....
( ) ....
( ) ....
( ) ....

Versetz dich nun in die Lage des Lehrers und wähle die fünf Ziele aus, von denen du annimmst, dass sie für ihn besonders wichtig sind. Bringe sie ebenfalls in eine Rangreihe.

( ) ....
( ) ....
( ) ....
( ) ....
( ) ....

52

SICHERHEIT

(Vopel)

Ziele: Diese Strategie gibt den Schülern und Ihnen als Lehrer in wenigen Minuten einen Überblick darüber, wie sicher sich jeder in der Klasse fühlt. Anschließend können Sie mit der Klasse klären, was im Einzelnen das Empfinden von Sicherheit fördert bzw. das Gefühl der Unsicherheit hervorruft.

Teilnehmer: ab 14 Jahren

Zeit: ca. 5 Minuten

Anleitung: Wir wollen gemeinsam herausfinden, wie ihr zum gegenwärtigen Zeitpunkt das Klassenklima erlebt. Dazu schlage ich vor, dass ihr euch gleich die Frage stellt: «Wie sicher fühle ich mich in dieser Runde?» Fühle ich mich zum Beispiel sicher genug zu sagen, was mir am Verhalten der Mitschüler oder des Lehrers gefällt bzw. was mir nicht gefällt? Fühle ich mich sicher genug, eine Meinung zu vertreten, die von anderen nicht geteilt wird? Fühle ich mich sicher genug, zu sagen, wenn ich etwas nicht verstanden habe? Fühle ich mich sicher genug, Fehler zu machen? Fühle ich mich sicher genug, Nein zu sagen, wenn ich etwas nicht tun will?

Damit ihr euch auf diese Fragen konzentrieren könnt, schließt bitte die Augen und überprüft innerlich, in welchem Ausmaß ihr euch hier sicher fühlt. Stellt euch dabei eine Skala von 1 bis 10 vor und findet heraus, welcher Punkt auf dieser Skala eurem Sicherheitsempfinden gegenwärtig entspricht. Dabei soll 10 einer vollkommenen Sicherheit entsprechen und 1 einer großen Unsicherheit. Überlegt, ob einer der Endpunkte eurem Empfinden entspricht bzw. welcher dazwischen liegende Punkt. Wenn ihr euch innerlich klar geworden seid, haltet – immer noch mit geschlossenen Augen – die entsprechende Anzahl von Fingern hoch. Wenn alle ihre Hände erhoben haben, werde ich euch Bescheid geben, damit ihr die Augen wieder öffnen könnt...

Öffnet nun eure Augen und schaut euch an, wie sicher sich jeder Einzelne in der Klasse fühlt...

Jeder soll jetzt seine Sicherheitszahl nennen und – sofern er dazu bereit ist – kurz mitteilen, was ihn zu dieser Einschätzung gebracht hat...

Auswertung

• Wie hat mir das Experiment gefallen?
• Wieweit entspricht meine Sicherheitszahl aus diesem Experiment meinem sonstigen Sicherheitsgefühl in der Klasse?
• Was wünsche ich mir, um mich sicherer fühlen zu können?

- Wessen Einschätzung hat mich überrascht?
- Was kann ich dazu beitragen, dass sich andere sicherer fühlen können?
- Welchen Zusammenhang sehe ich zwischen dem persönlichen Sicherheitsgefühl und dem Lernen?
- Was möchte ich sonst noch sagen?

Erfahrungen: Sie können dieses einfache Experiment auch mit anderen Fragen erproben, die für das Klassenklima von Bedeutung sind, zum Beispiel: Wieweit fühle ich mich akzeptiert? Wie sehr wird hier Kreativität geschätzt? Wie sehr wird hier Initiative anerkannt? Wie viel Einfluss kann ich nehmen?

Kapitel 3
ARBEIT UND
FREIZEIT

53

BRIEF AN MEINEN NEUEN CHEF
(Vopel)

Ziele: In diesem Experiment können sich die Jugendlichen bewusst machen, welche spezifische Tätigkeit sie für die Zukunft reizt, welches fachliche und persönliche Potenzial sie dafür erworben haben, was sie in Zukunft in diese neue Tätigkeit investieren wollen und was sie sich von ihrem neuen Vorgesetzten erhoffen bzw. welche Erwartungen sie an die neue Aufgabe haben. Sie können dadurch klarer sehen, welchen Stand sie in ihrer beruflichen Entwicklung erreicht haben und wie sie sich beruflich entwickeln wollen. Der Sache nach bereiten sie sich auf eine Bewerbung und auf ein anspruchsvolles Vorstellungsgespräch vor mit den drei Elementen: Was kann ich? Was will ich bekommen? Was will ich geben?

Teilnehmer: ab 16 Jahren

Zeit: ca. 60 Minuten

Material: Papier und Bleistift

Anleitung: Ihr sollt heute eine Bestandsaufnahme eurer bisherigen beruflichen Entwicklung machen und gleichzeitig einen Blick in die Zukunft werfen.

Stellt euch vor, dass ihr euch für einen neuen Arbeitsplatz bewerbt und dass ihr dafür einen Brief an den zukünftigen Vorgesetzten schreiben müsst. Euer Brief soll folgende Punkte beinhalten:
1. Eine Beschreibung der Tätigkeit, für die ihr euch bewerbt.
2. Eine Übersicht über die wesentlichen persönlichen und fachlichen Fähigkeiten, die ihr erworben habt, um diese Tätigkeit zu übernehmen.
3. Eine spezifische Darstellung eurer Erwartungen an den Vorgesetzten und eurer Hoffnungen in Bezug auf die Tätigkeit.
4. Eine Erklärung, was ihr selbst einzusetzen bereit seid, wofür ihr euch engagieren und was ihr geben wollt.

Schreiben Sie diese vier Punkte für alle sichtbar auf.

Habt ihr verstanden, worin die Aufgabe besteht?... Ihr habt eine halbe Stunde Zeit, um diesen Brief zu schreiben...

Stoppt und sucht euch einen Partner, mit dem ihr euch austauschen wollt...

Lest euch eure Briefe vor und sprecht miteinander darüber, was euch am Bewerbungsbrief eures Partners gefällt, was ihr daran vermisst und was ihr zu beanstanden habt. Ihr habt 20 Minuten Zeit für euer Gespräch...

Kommt nun zum Kreis zurück... Wer hat Lust, uns seinen Brief an den neuen Chef vorzulesen?...

Auswertung

- Wie hat mir das Experiment gefallen?
- Welcher Teil der Aufgabe fiel mir leicht? Welcher fiel mir schwer?
- Worin unterscheidet sich die gewünschte Tätigkeit von meiner gegenwärtigen?
- Habe ich in Punkt 3 Erwartungen formuliert in Bezug auf meine weitere berufliche Entwicklung?
- Habe ich in meinem Brief auch Schwächen oder Defizite angedeutet oder ausgesprochen?
- Bin ich auf «lebenslanges» Lernen eingestellt?
- Wie leicht fiel es mir, spezifische Stärken zu beschreiben?
- Wie klar sind die Rückmeldungen, die ich von Kollegen und Vorgesetzten zur Zeit über meine beruflichen und persönlichen Stärken und Schwächen erhalte?
- Wie ist mein erstes Bewerbungsgespräch verlaufen?
- Wann werde ich voraussichtlich das nächste Bewerbungsgespräch führen?
- Welcher Brief hat mir besonders gut gefallen?
- Was möchte ich sonst noch sagen?

Erfahrungen: Sie können im Anschluss einige Rollenspiele anregen, in denen jeweils ein Jugendlicher den Bewerber und ein anderer den zukünftigen Chef spielt. Zur Vorbereitung auf das Rollenspiel genügt es, wenn der «Chef» Branche, Art des Unternehmens und den gewünschten Arbeitsplatz kennt.

54

LANDSCHAFT MEINER ARBEIT

(Vopel)

Ziele: In diesem Experiment können sich die Jugendlichen mit Aspekten ihrer Arbeitswelt auseinandersetzen, die für sie entscheidend sind. Die Struktur gibt thematisch viel Freiheit, und die symbolische Form bezieht auch die kreativen Möglichkeiten der Jugendlichen ein. Das Experiment eignet sich gut als Ausgangspunkt für spätere detailliertere Beschäftigungen mit Einzelproblemen und Aufgaben aus dem Arbeitsleben.

Teilnehmer: ab 16 Jahren

Zeit: ca. 70 Minuten

Material: für jeden Teilnehmer ein großer Bogen Papier sowie verschiedene Ölkreiden und Filzschreiber

Anleitung: Ich möchte euch anregen, aus einigem Abstand die Welt der Arbeit, in der ihr euch bewegt, zu betrachten und eine Karte der «Arbeitslandschaft» anzufertigen. Holt euch dazu einen großen Bogen Papier und verschiedene Ölkreiden und Filzschreiber.

Landkarten haben verschiedene Aufgaben. Sie zeigen uns, wie wir ein bestimmtes Ziel erreichen können und welche Hindernisse zwischen den Standorten A und B zu überwinden sind. Sie zeigen uns die fruchtbaren und unfruchtbaren Teile des Landes, die Sehenswürdigkeiten und die eher langweiligen Strecken. Vor allem geben sie uns einen Überblick, den wir nie gewinnen können, wenn wir uns selbst mitten in der Landschaft befinden.

Diese Aufgabe soll euch helfen, aus der Vogelperspektive das darzustellen, was ihr in eurer Arbeitsumgebung für wichtig haltet. Wählt selbst den Maßstab, in dem ihr arbeitet und den Ausschnitt. Bestimmt selbst, ob ihr die ganze Organisation darstellen wollt oder nur den Teil, in dem ihr arbeitet. Zeichnet Küsten und Grenzen ein, benennt Berge und Täler, Seen und Flüsse, Wüsten und Dschungel, Städte und Dörfer. So könntet ihr zum Beispiel ein Hochgebirge mit fünf Gipfeln einzeichnen und dazu schreiben: «Das ist unser Vorstand.» Ihr könnt eine Insel malen und dazu schreiben: «Das ist die Ausbildungswerkstatt der Lehrlinge.» – «Diese Brücke verbindet unser Werk mit der Zentrale.»

Ihr könnt eure Landschaft auch mit Tieren, Menschen und Pflanzen bevölkern und ihr könnt andeuten, wie Wetter und Klima in den einzelnen Teilen beschaffen sind bzw. welche wichtigen Naturereignisse stattgefunden haben oder bevorstehen…

Habt ihr verstanden, was ich meine?…

Stellt auf jeden Fall dar, wo euer eigener Standort in dieser Landschaft ist und wie es in eurer unmittelbaren Umgebung aussieht. Ihr habt 30 Minuten Zeit für diese Aufgabe…

Nun setzt euch vor euer fertiges Bild und betrachtet es. Welchen Eindruck habt ihr von eurer Landschaft? Welches Wort, welcher Satz, welches Symbol drückt für euch das Hauptthema eures Bildes aus?… (3 Min.)

Jetzt fragt euch, was euch an diesem Bild vor allem freut… (2 Min.)

Was stimmt euch eher unbehaglich?… (2 Min.)

Zum Schluss überlegt, was ihr an dem Bild gern verändern würdet, wenn das möglich wäre… (3 Min.)

Kommt nun zu zweit oder zu dritt zusammen, um euch auszutauschen… Ihr habt 30 Minuten Zeit. Richtet es so ein, dass jeder gleich viel Zeit hat, von sich und seiner «Landschaft» zu sprechen. Das Ziel eures Gespräches soll sein, dass jeder lernt, sich mitzuteilen und dass ihr einander besser verstehen lernt und die ganz persönliche Art und Weise, wie jeder seine Arbeitsumwelt sieht. Erklärt die wichtigen Punkte eurer «Landschaft», was sie für euch bedeuten und welche Ge-danken und Empfindungen sie bei euch auslösen… (30 Min.)

Kommt nun zum großen Kreis zurück… Jeder soll zu Beginn kurz mitteilen, was ihm im Moment durch den Kopf geht und in welcher Stimmung er gerade ist…

Auswertung

- Wie hat mir das Experiment gefallen?
- Was war leicht an dieser Aufgabe? Was war schwer?
- Wie habe ich mir bisher eine Übersicht über meine Arbeitsumgebung ver-schafft?
- Was kann ich tun, um mich noch besser in meiner Arbeitsumgebung zurecht-zufinden?
- Was sind wichtige Bedingungen, um mich noch wohler zu fühlen?
- Woher bekomme ich wichtige Informationen?
- Wer liefert mir zum Beispiel Hintergrundinformationen, «politische» Informa-tionen usw.?
- Welche Überschrift würde ich meiner Landschaft geben?
- Was möchte ich sonst noch sagen?

Erfahrungen: Sie können diese Struktur dadurch bereichern, dass Sie mit der ganzen Gruppe gemeinsam eine Landkarte zeichnen, die zeigt, wie die Organisation vor zehn, zwanzig oder dreißig Jahren aussah bzw. wie die Organisation möglicherweise in zehn, zwanzig oder dreißig Jahren aussehen wird. Auf diese Weise kann das historische Verständnis der Jugendlichen vertieft und das Konzept erlernt werden, dass auch Organisationen eine Lebensgeschichte haben mit Kindheit, Jugend, Erwachsenen- und Greisenalter. So können sie die Organisation besser verstehen, sich einerseits eher mit ihr identifizieren und andererseits auch eine fruchtbare innere Distanz entwickeln, die sie zu einer aktiveren Haltung ermutigt.

WOZU ARBEITE ICH?

(Vopel)

Ziele: Ziel dieses Experiments ist es, die Jugendlichen mit einem breiten Spektrum seelischer Einstellungen zur Arbeit vertraut zu machen und sie zu der Frage anzuregen: «Was sind die mehr oder weniger geheimen Zwecke, die ich bei meiner Arbeit verfolge?»

Wenn der Jugendliche ein klareres Bewusstsein der eigenen Motive hat, dann kann er besser darüber nachdenken, welche Konsequenzen sich für ihn daraus ergeben, mit welchen Möglichkeiten oder Gefährdungen er zu rechnen hat. Vor allem gilt auch hier der Grundsatz, dass die seelische Entwicklung flüssiger verläuft, wenn die wichtigen inneren Vorgänge mit dem Bewusstsein verbunden sind. Im Blick auf die Lebenssituation der Jugendlichen kann nicht oft genug betont werden, dass sie selbst mit dem Konzept lebenslangen Lernens vertraut gemacht werden müssen. Nur dann können sie es vermeiden, sich zu früh beruflich so festzulegen, dass sie später aus den eingeschlagenen Sackgassen nicht mehr herauskommen.

Teilnehmer: ab 18 Jahren

Zeit: ca. eine Stunde

Material: Arbeitsblatt «Wozu arbeite ich?»

Anleitung: Ihr sollt euch heute Gedanken darüber machen, aus welchen Gründen ihr arbeitet und welche seelischen Ziele ihr dabei verfolgt. Wenn ich mir klarmache, worauf es mir ankommt, kann ich überprüfen, ob ich an der richtigen Stelle bin, um mein Ziel möglichst weitgehend zu erreichen. Jemand, der in seinem Berufsleben zum Beispiel sehr viel Macht erreichen und ein einflussreicher Manager werden will, muss dafür sorgen, dass er rechtzeitig in einem Teil der Organisation arbeitet, der besonders einflussreich und angesehen ist.

Wenn ich meine inneren Antriebe kenne, so hilft mir das außerdem, bestimmten Einseitigkeiten und Gefahren besser zu begegnen, die sich daraus ergeben könnten. Wenn ich mir zum Beispiel klarmache, dass es mir wichtig ist, für meine Arbeit bewundert zu werden, dann sollte mir gleichzeitig bewusst sein, dass ich mich dadurch stark von der Reaktion anderer abhängig mache. Und vielleicht kann ich mir die Zuneigung, um die es mir im Grunde geht, besser bei Freunden holen als bei den Kollegen am Arbeitsplatz.

Habt ihr verstanden, was ich meine?…

Ich habe ein Arbeitsblatt vorbereitet, das ihr jetzt bearbeiten sollt. Ihr habt dafür 30 Minuten Zeit…

Kommt nun zurück und bildet Vierergruppen... Sprecht miteinander darüber, wie eure Rangreihen aussehen und welche Überlegungen ihr angestellt habt. Ihr habt für euren Austausch noch einmal 30 Minuten Zeit...

Jeder soll jetzt zu Beginn unserer gemeinsamen Auswertung in einem Rundgang mitteilen, was zur Zeit seine wichtigste innere Einstellung zur Arbeit ist...

Auswertung

• Wie hat mir das Experiment gefallen?
• Gibt es Punkte aus dem Arbeitsbogen, die ich nicht verstanden habe?
• Habe ich etwas Neues gelernt?
• Wie war der Austausch in der Kleingruppe?
• Was wären die drei wichtigsten inneren Einstellungen, die mein Vater (meine Mutter, mein Chef) angekreuzt hätte?
• Wie zufrieden bin ich mit meiner inneren Einstellung zur Arbeit?
• Worauf will ich in Zukunft achten?
• Will ich irgendetwas anders machen?
• Was möchte ich sonst noch sagen?

WOZU ARBEITE ICH?

Im Folgenden sind einige wichtige Ziele und Zwecke angegeben, die wir mit unserer Arbeit verfolgen können. Lies den Katalog in aller Ruhe durch und versuche dir klarzumachen, was gemeint ist.

Ich arbeite,

- ☐ um den Respekt anderer zu gewinnen. – Ich möchte, dass sie meine Tüchtigkeit und meine Arbeitsergebnisse anerkennen.

- ☐ um bewundert zu werden. – Ich möchte, dass sich andere über meine Arbeit freuen, dass sie staunen und mich «toll» finden.

- ☐ um auf mich stolz sein zu können. – Ich möchte sagen können: «Das ist mein Werk. Das habe ich getan.»

- ☐ um mich selbst zu bestrafen. – Ich sage mir: «Wenn ich hart genug arbeite und mich schinde, dann kann ich ein gutes Gewissen haben.»

- ☐ um die Kameradschaft mit den Kollegen zu genießen. – Ich komme dann von zu Hause weg und kann unter meinesgleichen sein.

- ☐ um einen bestimmten Lebensstandard zu erreichen. – Mit diesem Einkommen kann ich mir bestimmte Dinge leisten, die mir wichtig sind.

- ☐ um zu überleben. – Ich möchte mit meiner Arbeit sicher stellen, dass ich genug zu essen und ein Dach über dem Kopf habe.

- ☐ um einen Sieg zu erringen. – Mit meinem Arbeitsergebnis will ich besser da stehen als andere und meine Konkurrenten überflügeln.

- ☐ um mich in eine feste Struktur und vorgegebene Ordnung einzufügen. – Ohne den festen Rahmen vorgegebener Arbeitsziele und -abläufe würde ich mich unsicher fühlen und hilflos.

- ☐ um meine Neugier und meine Lust auf Abwechslung zu befriedigen. – Mir liegt es, neue Ideen und Projekte anzukurbeln. Sie können dann ruhig von anderen zu Ende geführt werden.

- ☐ um mich abzulenken. – Wenn ich intensiv arbeite und meinen Geist anstrenge, kann ich mich gegen störende und unangenehme Gefühle abschirmen, vor allem auch gegen Kummer und Leid.

- ☐ um mich sicher zu fühlen. – Ich habe es gern, wenn anerkannte Autoritäten mir sagen, was ich zu tun habe. Ich übernehme ungern die volle Verantwortung für eine Aufgabe.

- ☐ um Macht zu haben. – Ich will anderen sagen, was sie zu tun haben und kontrollieren, wie sie die Dinge erledigen.

Kreuze nun die Punkte an, die auf dich mehr oder weniger zutreffen... Wenn du das getan hast, bringe die angekreuzten Punkte in eine Rangreihe. Gib der inneren Einstellung, die dein Verhalten am meisten bestimmt, die Nummer 1, der nächsten die Nummer 2 usw. ...

Jetzt lass dir zu den fünf wichtigsten Einstellungen eine Situation einfallen, in der diese betreffende innere Einstellung dein Verhalten bestimmt hat. Beschreibe sie stichwortartig.

1. ....
....
....

2. ....
....
....

3. ....
....
....

4. ....
....
....

5. ....
....
....

Schau dir nun deine Liste noch einmal an und stelle dir die folgenden Fragen: Welche der von dir angekreuzten inneren Einstellungen möchtest du beibehalten, verstärken oder abschwächen bzw. aufgeben?

Gibt es in der Liste andere Einstellungen, die du gern übernehmen möchtest?

Arbeitsblatt «Wozu arbeite ich?»

56 ARBEITSKLIMA
(nach Bolles)

Ziele: Unser Wohlbefinden bei der Arbeit hängt zu einem wesentlichen Teil davon ab, wie wir unsere Kollegen und Vorgesetzten erleben, wie wir auf ihre Verhaltensweisen und Einstellungen reagieren. Meistens fühlen wir uns wohl, wenn die Leute in unserer Umgebung uns in den Dingen ähnlich sind, die wir an uns selbst schätzen bzw. wenn sie unsere geistig-seelische Ausstattung ergänzen.

Das Experiment soll den Jugendlichen helfen, Persönlichkeitsmerkmale anderer zu identifizieren, durch die sie sich in ihrer Arbeit behindert fühlen. Sie sollen angeregt werden, darüber nachzudenken, wie sie mit schwierigen Kollegen auskommen können. Im Blick auf die Zukunft können sie den Schritt vom Negativen zum Positiven machen und sich darauf konzentrieren, welche Charakteristika Kollegen haben müssen, deren Gegenwart sie anregt.

Sie sollen auf diese Weise ermutigt werden, nicht über unangenehme Kollegen zu klagen, sondern sich einen Arbeitsplatz zu suchen, an dem das Klima «stimmt».

Teilnehmer: ab 16 Jahren

Zeit: 75 Minuten

Material: Arbeitsblatt «Arbeitsklima»

Anleitung: Ihr sollt euch heute Gedanken darüber macht, wie ihr mit schwierigen Kollegen und Vorgesetzten zurechtkommen könnt. Dabei sollt ihr euch zunächst überlegen, welche Verhaltensweisen und Eigenschaften anderer für euch besonders unangenehm sind.

Dafür habe ich ein Arbeitsblatt vorbereitet, das ihr bearbeiten sollt. Ihr habt dafür 30 Minuten Zeit…

Kommt nun in Vierergruppen zusammen und informiert euch gegenseitig darüber, wie eure Zehner-Auswahl aussieht. Diskutiert dann die folgenden Fragen:
1. Wie kann ich mich ändern bzw. was kann ich tun, um mit den schwierigen Verhaltensweisen anderer besser zurechtzukommen?
2. Was kann ich tun, damit andere ihre schwierigen Verhaltensweisen teilweise aufgeben können?
3. Wie kann ich es erreichen, dass ich einen Arbeitsplatz finde, an dem möglichst viele Kollegen und Vorgesetzte meiner Positiv-Liste entsprechen?
Notieren Sie diese Fragen für alle sichtbar.

Ihr habt 45 Minuten Zeit für euer Gespräch…

Lassen Sie im Anschluss die Gruppen berichten, was sie zu den drei Punkten herausgefunden haben.

Auswertung

- Wie hat mir das Experiment gefallen?
- Habe ich etwas Neues über mich erfahren?
- Wieweit bin ich dazu in der Lage, den Schwächen anderer gegenüber tolerant zu sein?
- Wieweit neige ich dazu, die Schwächen anderer als Entschuldigung für eigene Schwierigkeiten zu benutzen?
- Ist meine derzeitige Umgebung am Arbeitsplatz für meine eigene Weiterentwicklung förderlich?
- Wieweit neige ich dazu, eine ungünstige Umgebung passiv zu ertragen?
- Was kann ich tun, um die mir bewussten eigenen Schwächen abzubauen?
- Was kann ich tun, um meine Stärken weiterzuentwickeln?
- Welche Ideen habe ich darüber, wie alle Mitarbeiter an meinem Arbeitsplatz ihre positiven Eigenschaften weiterentwickeln können?
- Was möchte ich sonst noch sagen?

Erfahrungen: Wenn sich die Jugendlichen durch die schwierigen und unangenehmen Charakteristika bei sich und den anderen sehr bedrückt zeigen, kann Folgendes helfen: Lassen Sie die kleinen Gruppen einen Sketch vorbereiten, in dem vier Personen auftreten. Jede soll eine der als besonders unangenehm empfundenen Eigenschaften in übertriebener Weise zum Ausdruck bringen. Der Sinn der Identifikation mit den unangenehmen Eigenschaften anderer ist folgendermaßen zu beschreiben: Ich gewinne einen neuen erlebnisbezogenen Gesichtspunkt für die störende Eigenschaft; ich kann ggf. entdecken, dass ich diese Eigenschaft ebenfalls in mir habe; ich kann das Positive in der negativen Eigenschaft entdecken (in der Faulheit zum Beispiel das Erholungsbedürfnis), und ich kann auf diese Weise vielleicht toleranter reagieren.

ARBEITSKLIMA

Der folgende Katalog stellt Verhaltensweisen, die von vielen Leuten als unangenehm empfunden werden, solchen gegenüber, die in der Regel positiv bewertet werden. Lies dir zunächst die Gegensatzpaare durch.

Was mir bei Kollegen und Vorgesetzten

nicht gefällt:	gefällt:
manipulativ	direkt und aufrichtig
langweilig	anregend
Drückeberger	Leute, die mit zupacken
immer bierernst	manchmal humorvoll
ist missionarisch stur	akzeptiert unterschiedliche Standpunkte
inkompetent	kompetent
unzuverlässig	zuverlässig
rigide	flexibel
stark wettbewerbsorientiert	kooperativ unterstützend
zu ängstlich, um selbst etwas auszuprobieren	mutig genug, um selbstständig vorzugehen
zwanghaft	geht kalkulierbare Risiken ein
unsensibel, plump und grob	schätzt Gefühle und Phantasie
überkritisch	bestärkt andere
leicht manipulierbar	weiß, was er will und denkt über sich selbst nach
bewirkt nichts	tüchtig
arbeitet «wie ein Pferd»	nimmt sich Zeit zum Nachdenken
spielt den Überlegenen	ist solidarisch
lacht mich aus	lacht zusammen mit mir
Schwätzer	kann etwas für sich behalten
spricht dauernd von sich	hört wenigstens die Hälfte der Zeit anderen zu
fanatisch	vernünftig
Pessimist	Realist
arbeitet chronisch langsam	arbeitet in angemessenem Tempo
oberflächlich	ernsthaft
autoritär, zeigt Stärke nur Schwächeren gegenüber	setzt sich auch mit Stärkeren auseinander
kümmert sich nicht um seine Gesundheit	respektiert die Bedürfnisse seines Körpers
weiß alles besser	ist neugierig und wissensdurstig

unentschieden	entscheidungsfreudig
hängt sein Fähnchen nach dem Wind	steht zu dem, was er denkt und fühlt
stur	aufgeschlossen
disziplinlos	selbstbeherrscht
feindselig	rücksichtsvoll
schweigsam und verschlossen	offen und klar
jammernd und voller Selbstmitleid	zuversichtlich
verführerisch	sieht den anderen als Person
erzwingt Entscheidungen und engt andere ein	gesteht anderen eigenes Tempo und Entfaltungsspielraum zu
willkürlich	fair
sentimental	einfühlsam
arrogant	bescheiden
devot und beflissen	selbstsicher
chronisch voller Ärger	innerlich ausgeglichen
misstrauisch	vertrauensvoll
mürrisch	fröhlich
lässt andere stolpern	hilfsbereit
unordentlich	ordentlich, aber nicht pedantisch
macht viele Worte	kommt zum «Punkt»
perfektionistisch, gesteht sich und anderen keine Fehler zu	gibt sich und anderen das Recht zum Irrtum, lernt aus Fehlern

....	....
....	....
....	....
....	....
....	....
....	....
....	....

Ergänze die Liste mit Eigenschaften, die dir hier fehlen…

Wähle dann aus der linken Liste die zehn Punkte aus, die für dich das Arbeitsklima am stärksten belasten, wenn Vorgesetzte und Kollegen sich in dieser Weise verhalten.

Schreibe nun diese 10 Punkte auf:

Was mich bei Kollegen und Vorgesetzten
am meisten stört   am meisten anspricht

1. ....

2. ....

3. ....

4. ....

5. ....

6. ....

7. ....

8. ....

9. ....

10. ....

Oft stören uns Verhaltensweisen an anderen, die wir an uns selbst nicht mögen.
Kannst du bei deinen zehn wichtigsten Punkten links auch einige Verhaltensweisen entdecken, die dich an dir selbst stören? Welche sind das:

....

....

....

....

Welche der zehn positiven Verhaltensweisen zeichnen dich selbst besonders aus?

....

....

....

....

....

....

....

....

DREI PERSPEKTIVEN

(Vopel)

Ziele: Ein einfaches und zugleich brauchbares Persönlichkeitsmodell geht davon aus, dass wir aus drei unterschiedlich funktionierenden Systemen bestehen, nämlich aus Kopf, Herz und Körper. Diese drei Systeme sind im Bewusstsein mehr oder weniger miteinander verbunden und arbeiten mehr oder weniger zusammen bzw. gegeneinander. Viele Lebenssituationen erfordern, dass jeweils eins der Systeme im Vordergrund steht. Wenn wir arbeiten, dominiert der Kopf, wenn wir einen anderen Menschen lieben, wird das Herz dominieren usw.

Eine Balance zwischen den einzelnen Systemen in dem Sinne, dass jedes genügend häufig im Vordergrund steht, ist eine schwer zu erreichende Aufgabe für jeden von uns.

In diesem Experiment sollen sich die Jugendlichen bewusst machen, welche Bedeutung jedes der drei Systeme in ihrer täglichen Arbeit hat und wie ihre Tätigkeit aus der Perspektive jedes der drei Systeme erlebt und beurteilt wird.

Teilnehmer: ab 16 Jahren

Zeit: ca. eine Stunde

Material: für jeden Teilnehmer ein großer Bogen Packpapier, Filzschreiber oder verschiedene Ölkreiden

Anleitung: Ich möchte euch heute auffordern, auf ungewöhnliche Art und Weise über eure Arbeit nachzudenken. Üblicherweise benutzen wir den Kopf, wenn wir uns mit einem Problem auseinandersetzen. Hier möchte ich ausdrücklich, dass ihr auch euer Herz als den symbolischen Sitz der Gefühle einbeziegt und euren Körper als Grundlage der Lebendigkeit.

Nehmt euch jeder einen großen Bogen Packpapier, Ölkreiden oder Filzschreiber und verteilt euch im Raum…

Malt zunächst euch selbst möglichst groß auf das Papier, und zwar von vorn gesehen. Benutzt verschiedene Farben. Berücksichtigt alle wichtigen Elemente des Körpers und deutet die besonderen Charakteristika eures Körpers an. Es kommt nicht auf die Schönheit des Bildes an. Wichtig ist, dass ihr euch beim Zeichnen mit euch selbst beschäftigt und sozusagen einen Doppelgänger von euch entstehen lasst. Ihr habt fünfzehn Minuten Zeit dafür…

Nun zeichnet bitte in euer Bild groß und deutlich euer Herz ein und schreibt an eine passende Stelle auf das Papier euren Namen, das Datum des heutigen Tages und das Thema des Bildes: «Was Kopf, Herz und Körper zu meiner Arbeit sagen.»

Nehmt einen feinen Filzschreiber und setzt euch vor euer Bild. Beginnt mit einem der drei angesprochenen Teile eurer Person und identifiziert euch mit diesem Teil. Wenn ihr zum Beispiel zunächst das Herz auswählt, dann sagt zu euch selbst: «Ich bin Mirjams Herz. Ich will jetzt sagen, was ich fühle, wenn Mirjam arbeitet. Wenn sie morgens zur Arbeit geht, bin ich unruhig und aufgeregt. Ich weiß nicht, ob es wieder einen Zusammenstoß mit dem Chef geben wird. Ich möchte, dass der Vorgesetzte einmal an die Zeit zurückdenkt, als er selbst ein Lehrling war. Oft fühle ich mich einsam und manchmal merkt Mirjam gar nicht, dass ich noch da bin...» Schreibt dann die wichtigen Kommentare des Herzens auf euer Bild.

Identifiziert euch nacheinander mit den drei Teilen eurer Person, mit dem Kopf, mit dem Herzen und mit dem Körper und notiert, was jeder von ihnen über eure Arbeit bemerkt, über sie denkt und fühlt. Stellt euch vor, dass jeder Teil ein eigenes Bewusstsein, eine eigene Stimme, eigene Gedanken und Gefühle hat. Nehmt euch eine halbe Stunde Zeit dafür...

Sucht euch nun ein anderes Gruppenmitglied aus, mit dem ihr über euer Bild sprechen möchtet... Setzt euch zusammen und tauscht euch aus. Ihr habt 20 Minuten Zeit...

Kommt nun zum großen Kreis zurück... Jeder soll zunächst in einem Rundgang mitteilen, was ihn im Augenblick beschäftigt bzw. welche Stimmung er bei sich bemerkt und wie sich sein Körper fühlt...

Auswertung
- Wie hat mir das Experiment gefallen?
- Wie leicht fiel es mir, mich mit den einzelnen Teilen meiner Person zu identifizieren?
- Welcher Teil meiner Person hat am meisten über die Arbeit gesagt?
- Welcher Teil meiner Person dominiert bei der Arbeit?
- Wieweit achte ich bei der Arbeit darauf, was mein Herz dazu zu sagen hat?
- Wieweit berücksichtige ich bei der Arbeit die Stimme meines Körpers?
- Was ist die wichtigste Forderung, die mein Kopf (bzw. Herz und Körper) in Bezug auf meine gegenwärtige Tätigkeit hat?
- In welchen Situationen während meiner Arbeit erlebe ich, dass die drei Teile meiner Person relativ harmonisch zusammenwirken?
- In welchen Situationen während meiner täglichen Arbeit erlebe ich die stärksten Spannungen zwischen diesen drei Teilen meiner Person?
- In welchen Situationen meines Alltags dominiert mein Herz?
- Wann steht mein Körper im Vordergrund?
- Was möchte ich sonst noch sagen?

Erfahrungen: Besonders schön ist es, wenn sich jeder Teilnehmer eine Papierbahn in seiner Körpergröße von einer breiten Rolle abschneiden kann.

Fragen Sie die Jugendlichen zu Beginn der Auswertung im Plenum, ob sie bereit sind, ihre Bilder an die Wände des Raumes zu hängen. Geben Sie in diesem Fall noch Zeit, dass sich alle auch die Bilder der anderen ansehen können.

ERFOLG UND MISSERFOLG
(Vopel)

Ziele: Das Experiment gibt den Jugendlichen Gelegenheit, eine klar abgrenzbare Zeit ihres Arbeitslebens zu betrachten und sich der Höhepunkte bzw. Tiefpunkte ihrer Erfolgskurve bewusst zu werden. Dies ist ein ausgezeichnetes Anwärmexperiment für alle Seminare, die sich Problemen der Arbeitswelt zuwenden. Es macht die Gruppenmitglieder miteinander bekannt und vertraut.

Teilnehmer: ab 16 Jahren

Zeit: ca. 40 Minuten

Anleitung: Zu Beginn unserer Arbeit möchte ich euch Gelegenheit geben, einander kennen zu lernen und gleichzeitig über ein Thema nachzudenken, das uns alle im Arbeitsleben immer wieder beschäftigt. Im ersten Teil dieses Experimentes sollt ihr euch mit einem anderen Gruppenmitglied austauschen. Schaut euch zunächst um, findet heraus, auf wen ihr neugierig seid und fragt den Betreffenden dann, ob er bereit ist, mit euch zu sprechen…

Ich bitte die Paare, sich so im Raum zu verteilen und Platz zu nehmen, dass sie sich nicht gegenseitig behindern… Versucht folgende Frage zu beantworten: «Was war im letzten Jahr mein größter beruflicher Erfolg, und was war mein größter beruflicher Misserfolg?» Ungefähr zehn Minuten lang soll einer von euch darüber sprechen und die näheren Umstände seines Erfolges und seines Misserfolges schildern – was sich ereignet hat, was er getan hat, wie er sich dabei fühlte, welche Konsequenzen sich für ihn ergaben usw. Der Partner soll zuhören und fragen, wenn er etwas nicht versteht. Gleichzeitig kann es nützlich sein, wenn er einige Notizen macht. Ihr sollt nämlich später einen Teil der Informationen in geeigneter Weise auch den anderen in der Gruppe weitergeben, nämlich all das, was euer Taktgefühl für mitteilbar hält. Nach zehn Minuten sollt ihr die Rollen wechseln, damit der andere von sich berichten kann. Habt ihr verstanden, wie das geht?… Dann beginnt jetzt… (20 Min.)

Kommt nun zum Kreis zurück… Wir beginnen jetzt mit dem zweiten Teil des Experimentes. Nacheinander soll jeder der Gruppe den Partner vorstellen und zwei bis drei Minuten lang berichten, was er von ihm gehört hat. Haltet eure Vorstellung so, dass ihr euren Partner nicht bloßstellt. Anschließend hat der Vorgestellte Gelegenheit, Ergänzungen vorzunehmen oder Irrtümer aufzuklären. Dann kann ein anderer seinen Partner vorstellen usw. …

Nachdem wir nun von jedem etwas gehört haben, ist Gelegenheit für einen kleinen Austausch. Ist euch irgendetwas aufgefallen? Gibt es Gemeinsamkeiten? Habt ihr Fragen? Wie fühlt ihr euch jetzt?…

VERÄNDERUNGSWÜNSCHE

(Vopel)

Ziele: Mit Hilfe der hier vorgeschlagenen Struktur können die Jugendlichen herausfinden, was sie im Blick auf ihre wichtigsten Interessenlagen im Arbeitsleben stört bzw. was sie vermissen. Anschließend können sie ihre «Beschwerden» in Wünsche und Forderungen umwandeln, um schließlich darüber nachzudenken, auf welche Weise sie ihre Forderungen verwirklichen können. Wichtig dabei ist, dass die Jugendlichen lernen, ein breites Spektrum besonders wichtiger Kriterien zu benutzen, um immer wieder zu fragen: «Bekomme ich in meiner Arbeit das, was ich will? Geht es mir gut?»

Darüber hinaus sollen sie rechtzeitig lernen, aus ihren frustrierenden Erfahrungen positive Forderungen abzuleiten und spezifische Vorgehensweisen zu entwickeln, damit sie diese Forderungen angemessen vertreten und so weit wie möglich realisieren können.

Teilnehmer: ab 16 Jahren

Zeit: ca. 90 Minuten

Material: Arbeitsblatt «Veränderungswünsche»

Anleitung: Ich möchte euch heute einladen, einmal über eure Frustrationen nachzudenken, die ihr im Arbeitsalltag erlebt. Wenn Menschen zusammenarbeiten, ist es unausweichlich, dass immer wieder Störungen und Konflikte auftreten: Wir bekommen nicht das, was wir beanspruchen, wir werden nicht so behandelt, wie wir es uns wünschen, unsere Aufgaben stellen uns nicht zufrieden usw.

Entscheidend ist, was wir mit diesen Frustrationen machen. Wir können sie verdrängen und so tun, als ob sie nicht da wären. Wir können mit Unbeteiligten darüber sprechen und uns beklagen. Doch diese klassischen Manöver helfen uns nicht weiter. Nützlich ist es dagegen, wenn wir aus unserem Ärger und unserer Enttäuschung Forderungen ableiten und wenn wir diese an der richtigen Stelle anmelden und darüber verhandeln.

Ich habe ein Arbeitsblatt für euch vorbereitet, das ihr bearbeiten sollt. Ihr habt dafür 30 Minuten Zeit…

Nun kommt in Vierergruppen zusammen… Informiert euch gegenseitig über eure Notizen. Konzentriert euch dann vor allem auf den letzten Schritt der Aufgabe, wie ihr nämlich mit den entscheidenden Personen über eure Forderungen verhandeln könnt. Diskutiert Vor- und Nachteile unterschiedlicher Vorgehensweisen und berücksichtigt dabei auch die Position eures Verhandlungspartners. Was sind seine Interessen? Was sind seine persönlichen Empfindlichkeiten?

Welchen Handlungsspielraum hat er? Überlegt auch, was ihr ihm dafür geben könnt, wenn er eure Forderung berücksichtigen will. Ihr habt für euer Gespräch eine Stunde Zeit...

Schreiben Sie die Diskussionspunkte für alle sichtbar auf. Machen Sie anschließend eine Pause, ehe Sie mit der Auswertung beginnen.

Auswertung

- Wie hat mir das Experiment gefallen?
- Wie häufig melde ich im Arbeitsalltag Wünsche und Forderungen an?
- Welche Erfahrungen habe ich dabei gemacht?
- Wie ist mein persönlicher Stil, wenn ich Forderungen stelle?
- Wieweit beziehe ich die Interessen des anderen in meine Verhandlungen ein?
- Gibt es in meiner Umgebung ein Vorbild, von dem ich die Kunst des Verhandelns lernen kann?
- Was möchte ich sonst noch sagen?

Erfahrungen: Die Struktur des Experiments wird wesentlich bereichert, wenn Sie in der Auswertungsphase einige kurze Rollenspiele anregen, in denen die Kunst des Verhandelns eingeübt werden kann.

VERÄNDERUNGSWÜNSCHE

Dieses Arbeitsblatt soll dir helfen, eine Bestandsaufnahme dessen zu machen, was dich bei der Arbeit frustriert. Außerdem will es dich anregen, die Forderungen zu entdecken, die in den Enttäuschungen und Ärgernissen stecken. Es basiert auf dem Grundsatz: Sage nicht nur, was dich ärgert, sondern füge hinzu, was du forderst.

Bei meiner gegenwärtigen Arbeit bin ich unzufrieden mit bzw. vermisse ich bei

1. meinen Vorgesetzten:

a) ....

b) ....

c) ....

2. meinen Kollegen:

a) ....

b) ....

c) ....

3. den technisch räumlichen Arbeitsbedingungen:

a) ....

b) ....

c) ....

4. der Zeitgestaltung:

a) ....

b) ....

c) ....

5. der Organisation:

a) ....

b) ....

c) ....

6. der Bezahlung:

a) ....

b) ....

c) ....

7. der Art und Weise, wie ich als Person behandelt werde:

a) ....

b) ....

c) ....

Arbeitsblatt «Veränderungswünsche»

8. der Art und Weise, wie ich gefördert werde:

a) ....

b) ....

c) ....

9. meinen Aufgaben:

a) ....

b) ....

c) ....

10. Ich sehe folgende Probleme:

a) ....

....

b) ....

....

c) ....

....

Bitte notiere bei den einzelnen Punkten, was dich stört und was du vermisst. Wenn du das getan hast, wähle von jedem der zehn Punkte deine wichtigste Beschwerde und trage sie in die nachfolgende Tabelle ein. Formuliere dann positiv, was du wünschst und was du forderst.

Beschwerde: (Beispiel: Ich werde zu stark gegängelt.)	Forderung: (Beispiel: Ich möchte, dass mein Chef mir die Richtung angibt, dass ich aber teilweise selbst Entscheidungen treffen kann.)
1.	1. ....
2.	2. ....
3.	3. ....
4.	4. ....
5.	5. ....
6.	6. ....

Arbeitsblatt «Veränderungswünsche»

7. ....   7. ....

....

8. ....   8. ....

....

9. ....   9. ....

....

10. ....   10. ....

....

Überlege, wie du vorgehen kannst, um einige deiner Veränderungswünsche zu realisieren. Wähle dafür eine oder zwei Forderungen aus und plane spezifische Schritte, wie du mit den wichtigen Bezugspersonen verhandeln willst.

1. Forderung:

....

....

....

....

....

....

....

2. Forderung:

....

....

....

....

....

....

....

Arbeitsblatt «Veränderungswünsche»

ARBEIT UND LIEBE
(nach Rohlich)

Ziele: Dieses anspruchsvolle Experiment lenkt das Bewusstsein der Jugendlichen auf die Spannung zwischen beruflicher und privater Existenz, genauer gesagt, zwischen Arbeit und Liebe. Es soll ihnen helfen, eine breitere Perspektive für das eigene Leben zu entwickeln und die spezifischen Charakteristika dieser beiden Möglichkeiten der Selbstverwirklichung klarer zu erkennen.

Unglücklicherweise neigen wir oft dazu, Arbeit und Liebe miteinander zu verwechseln. Im schlimmsten Falle werden wir arbeitssüchtig und lieben die Arbeit mehr als die Menschen, denen wir nahe sein könnten, oder wir gestalten Liebesbeziehungen nach Arbeitsgesichtspunkten, indem wir dort Herrschaft und Kontrolle anstreben. Es liegt auf der Hand, dass wir dafür teuer bezahlen müssen und dass auch die Menschen, mit denen wir in Arbeit und Liebe zusammenkommen, in ihren spezifischen Ansprüchen betrogen werden.

Die Jugendlichen sollen durch dieses Experiment rechtzeitig dafür sensibilisiert werden, Arbeit und Liebe nicht miteinander zu vermischen. Es soll ihnen geschlechtsspezifische Tendenzen im Verhältnis zwischen Arbeit und Liebe verdeutlichen und sie zu einer verantwortlichen und bewussten eigenen Balance zwischen diesen beiden wichtigsten Formen unserer Selbstverwirklichung ermutigen.

Teilnehmer: ab 18 Jahren

Zeit: ca. zwei Stunden

Material: Papier und Bleistift

Anleitung: Ich möchte euch heute einladen, mit mir über die beiden wichtigsten Erfahrungsbereiche nachzudenken, mit denen wir im Leben konfrontiert werden. Auf der einen Seite steht die Arbeit. Wie kaum etwas anderes sagt sie, wer wir sind und definiert damit unsere Persönlichkeit. Auf der anderen Seite steht die Liebe. Sie ermöglicht uns zeitweilig, die Grenzen unserer Persönlichkeit aufzulösen, uns mit anderen zu vereinen und glücklich zu sein.

Es gibt eine ganze Reihe weiterer Punkte, in denen sich Arbeit und Liebe unterscheiden. Damit wir diese Eigenschaften einigermaßen klar herausarbeiten können, möchte ich zu Beginn erklären, was ich mit diesen beiden Begriffen meine. Wenn wir an die Arbeit denken, schlage ich vor, dass wir uns an der Arbeit eines Zimmermanns orientieren, weil bei dieser handwerklichen Tätigkeit die wichtigsten Merkmale besonders klar hervortreten. Wenn wir an Liebe denken, schlage ich vor, dass wir an die Beziehung zwischen Mann und Frau denken bzw. an die Beziehung zwischen engen Freunden, die zueinander gefunden haben, weil sie sich in der Gegenwart des anderen glücklich und bereichert fühlen.

Sammeln Sie zunächst mit der Gruppe Charakteristika der Arbeit, dann Charakteristika der Liebe. Machen Sie zwei lange Listen an der Tafel. Versuchen Sie dann, eine idealtypische Gegenüberstellung mit der Gruppe zu entwickeln, wobei die Polarität zwischen Arbeit und Liebe etwa in folgender Form zum Ausdruck kommen soll:

Liebe	Arbeit
Vereinigung	Grenzen
Sinne	Intellekt
Freiheit	Struktur und Ordnung
Gegenwart	Zukunft
Sexualität	Aggression
Veränderung des Selbst	Veränderung des Objekts
Gemeinschaft	Erreichen eines Ziels
Empathie	Planung
Vergnügen	Befriedigung
Offenheit	Aktivität
Prozess	Produkt
Begeisterung	Sorgfalt
Qualität	Qualität und Quantität
Anpassung	Beherrschung

Die Polaritäten dieser Liste sind zu Ihrer persönlichen Orientierung gedacht und müssen nicht alle in der Polaritätenliste der Jugendlichen enthalten sein. Es ist auch nicht notwendig, das gesamte Material der Jugendlichen in der Polaritätenliste unterzubringen.

Helfen Sie den Jugendlichen, vor allem die spezifischen Eigenheiten beider Daseinsbereiche herauszuarbeiten.

Der Zweck des Polaritätenprofils ist es, dass die Jugendlichen ein präziseres Bild von den inneren Einstellungen und seelischen Handlungen in den beiden Daseinsbereichen gewinnen. Die Gruppe ist dann vorbereitet, sodass Sie dazu übergehen können, bestimmte existentielle Positionen im Spannungsfeld Arbeit und Liebe zu beleuchten. Malen Sie dazu das folgende Koordinatensystem auf, wobei die Achsen gleich lang sein müssen.

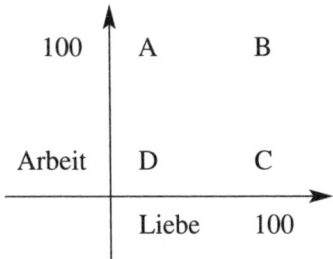

Position A zeigt den Arbeitssüchtigen, der nur liebt, was er kontrollieren kann und der die Risiken einer liebevollen Beziehung scheut, insbesondere den Rückzug oder Verlust des geliebten Anderen. Position D entspricht einem Menschen, der sich weder in der Arbeit noch in der Liebe verwirklichen kann. Position C nimmt ein Mensch ein, der vor allem in der Liebe seine Erfüllung sucht, und Position B zeigt die schwer zu erreichende Balance zwischen anspruchsvoller Arbeit und erfüllter Liebe.

Erklären Sie der Gruppe dieses Schema und fordern Sie die Jugendlichen dann auf, auf einem eigenen Koordinatensystem die Position einzutragen, die ihrer gegenwärtigen Lebenssituation entspricht. Lassen Sie als nächstes die gewünschte Position eintragen, die die Jugendlichen in zehn und in zwanzig Jahren einnehmen möchten. Alle drei Positionen sollten datiert sein.

Kommt nun in Vierergruppen zusammen und tauscht euch aus. Legt euch dabei folgende Fragen vor:
1. Wie zufrieden bin ich mit dem Platz, den Arbeit und Liebe zur Zeit in meinem Leben einnehmen?
2. Welches Vorbild haben mir meine Eltern gegeben?
3. Möchte ich in nächster Zeit etwas verändern?
Ihr habt 30 Minuten Zeit für euer Gespräch…
Kommt nun zum Kreis zurück, um das Experiment auszuwerten…

Auswertung
- Wie hat mir das Experiment gefallen?
- Was hat bisher meine Auffassung von Liebe und Arbeit geprägt?
- Was habe ich zu Hause über Liebe und Arbeit gelernt?
- Kenne ich einen Menschen, der beide Daseinsbereiche für mich vorbildlich verbindet?
- Habe ich etwas Neues über mich erfahren?
- Was möchte ich sonst noch sagen?

Erfahrungen: Erproben Sie dieses Experiment nur mit einer Gruppe, die Sie gut kennen und in der eine vertrauensvolle Atmosphäre herrscht. Eine weitere wichtige Voraussetzung ist, dass Sie selbst innerlich genügend mit dieser Thematik vertraut sind und keine Scheu haben, auch von sich zu sprechen.

Sie können die Auswertung dadurch bereichern, dass Sie auf den Lebenszyklus hinweisen. Zwischen zwanzig und vierzig Jahren ist für Männer in unserer Kultur eher die Position A in mehr oder weniger ausgeprägter Form typisch. Die Lebenskrise zwischen 38 und 43 Jahren führt sie dann eher in Richtung Position B oder C. Frauen in unserer Kultur nehmen zwischen zwanzig und vierzig Jahren oft die Position C ein, um dann in der Lebensmitte eher Position A oder B anzustreben. Da sich die Gesellschaft in dieser Hinsicht zur Zeit stark verändert, finden wir natürlich zahlreiche Gegenbeispiele bei Frauen wie Männern.

61 ZEITEINTEILUNG

(Vopel)

Ziele: Das Experiment konfrontiert die Jugendlichen mit der Art und Weise, wie sie ihre Zeit verbringen und hilft ihnen, eine reflektiertere Einstellung zur Zeit einzunehmen.

Teilnehmer: ab 16 Jahren

Zeit: ca. 50 Minuten

Material: Arbeitsblatt «Zeiteinteilung»

Anleitung: Ihr sollt heute überprüfen, wie ihr eure Zeit gestaltet. Dafür habe ich ein Arbeitsblatt für euch vorbereitet. Ihr habt 20 Minuten Zeit dafür…

Kommt nun in Vierergruppen zusammen, um euch auszutauschen. Für euer Gespräch habt ihr 30 Minuten Zeit…

Kommt zum großen Kreis zur Schlussauswertung zurück…

Auswertung
• Wie hat mir das Experiment gefallen?
• Wofür möchte ich mehr Zeit haben?
• Wie kann ich das erreichen?
• Wofür möchte ich weniger Zeit aufwenden?
• Wie kann ich das erreichen?
• Welche Schwierigkeiten muss ich überwinden, um meine Zeit so zu gestalten, wie es meiner Entwicklung und meinen Wünschen entspricht?
• Wie viel Zeit «verbummle» ich?
• Gönne ich mir in meiner Freizeit genügend Muße, oder habe ich das Gefühl, ständig aktiv sein zu müssen?
• Was möchte ich sonst noch sagen?

ZEITEINTEILUNG

Das folgende Diagramm stellt den Zeitraum einer Woche dar. Wenn du diese Zeit gleichmäßig aufteilen würdest auf Lernen, Arbeit, Freizeit, Liebe und Freundschaft sowie lebenserhaltene Aktivitäten (Essen, Trinken, Schlafen etc.), dann würde sich folgende Aufteilung ergeben:

Beschreibe zunächst in Stichworten, was du in den einzelnen Bereichen tust:

Lernen..

....

....

Arbeit..

....

....

Liebe und Freundschaft..

....

....

Freizeit..

....

....

lebenserhaltende Aktivitäten ....

....

....

Wie viele Stunden einer durchschnittlichen Woche, die aus 168 Stunden besteht, verwendest du für die einzelnen Bereiche? Schreibe die geschätzte Stundenzahl jeweils dahinter:

Lernen =   Stunden
Arbeit =   Stunden
Liebe und Freundschaft =   Stunden
lebenserhaltende Aktivitäten =   Stunden
Summe =   168 Stunden

Trage deine wöchentliche Zeitverteilung in den leeren Kreis ein…
Betrachte jetzt in Ruhe das Diagramm, das du gezeichnet hast. Bist du zufrieden mit der Art und Weise, wie du deine Zeit aufteilst? Wofür möchtest du gern mehr Zeit haben? Wofür möchtest du gern weniger Zeit aufwenden? Was kannst du praktisch tun, um ggf. eine Veränderung zu erreichen?

GESTALTUNG DER FREIZEIT

(nach Bolles)

Ziele: Das Experiment hilft den Teilnehmern, eine Übersicht über ihre Freizeit zu gewinnen und sich klarzumachen, was sie für sich allein tun bzw. mit anderen. Sie können erkennen, welche ihrer Freizeitaktivitäten einen eher betrachtenden-rezeptiven Charakter und welche einen eher aktiv-produzierenden Charakter haben. Auf diese Weise können sie beurteilen, ob die verschiedenen Arten, wie sie ihre Freizeit genießen, in einem ausgewogenen Verhältnis zueinander stehen.

Teilnehmer: ab 16 Jahren

Zeit: ca. 45 Minuten

Material: Papier und Bleistift

Anleitung: Ich möchte euch vorschlagen, einmal die verschiedenen Dinge, die ihr in der Freizeit tut, zu betrachten und nach vier Gesichtspunkten zu sortieren. *Zeichnen Sie folgendes Koordinatenkreuz an die Tafel:*

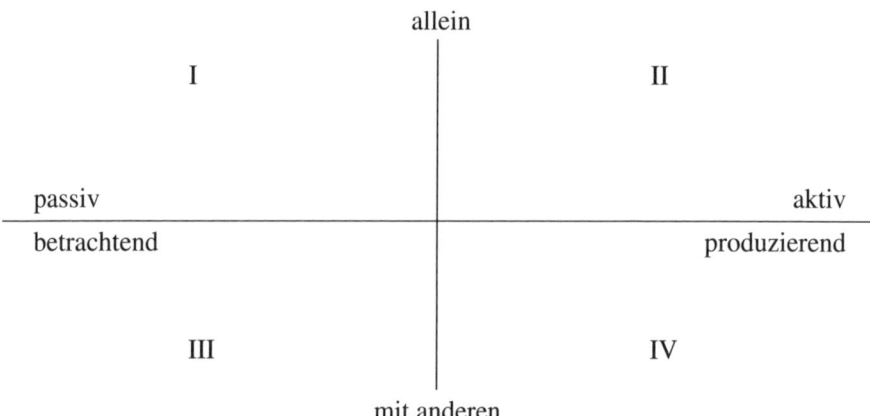

Übertragt dieses Koordinatenkreuz auf ein Blatt Papier…
Die beiden oberen Felder sollen alle Freizeitbeschäftigungen enthalten, die ihr für euch allein tut. In die unteren Felder gehören alle Beschäftigungen, die ihr gemeinsam mit anderen tut. Zusätzlich gehören in die Felder auf der linken Seite Freizeitbeschäftigungen, die ein in erster Linie passiv-betrachtenden Cha-

rakter haben, während die Felder auf der rechten Seite alle Freizeitbeschäftigungen aufnehmen sollen, die einen eher aktiv-produzierenden Charakter haben. Wenn ich zum Beispiel in einer Mannschaft Volleyball spiele, dann gehört diese Beschäftigung in Feld IV. Wenn ich allein auf einem See surfe, gehört diese Beschäftigung in Feld II. Wenn ich allein Musik höre, schreibe ich das in Feld I. Und wenn ich mit einem Freund in eine Gemäldeausstellung gehe, gehört das in Feld III. Habt ihr verstanden, worum es geht?...

Ihr sollt nun alle eure Freizeitbeschäftigungen in die vier Felder einsortieren. Ihr habt fünfzehn Minuten Zeit dafür...

Nun zählt die einzelnen Beschäftigungen in jedem Feld und schreibt die Zahl daneben...

Kommt nun in Viergruppen zusammen und tauscht euch darüber aus, was ihr notiert habt. Stellt euch dann die folgenden Fragen:

1. Wie zufrieden bin ich mit der Verteilung meiner Beschäftigungen in den vier Feldern?
2. Was sind die Vor- und Nachteile meiner Verteilung?

Ihr habt für euer Gespräch 30 Minuten Zeit...

Kommt nun zum großen Kreis zurück, damit wir das Experiment gemeinsam auswerten können...

Auswertung

- Wie hat mir das Experiment gefallen?
- Wieweit sind meine Freizeitbeschäftigungen in den vier Feldern ausgewogen?
- Welche Art der Freizeitbeschäftigung dominiert bei mir?
- Was möchte ich ändern?
- Was möchte ich sonst noch sagen?

EINE STUNDE FREI

(nach Ehrlich)

Ziele: In diesem Realexperiment können die Jugendlichen einmal überprüfen, wie sie freie Zeit, die ihnen überraschend eingeräumt wird, selbst gestalten.

Teilnehmer: ab 16 Jahren

Zeit: ca. eine Stunde

Anleitung: Ich möchte euch ein Geschenk machen und euch eine Stunde Freizeit geben. Seid bitte in genau 60 Minuten wieder hier im Raum, damit wir dann zusammen arbeiten können…

Lassen Sie sich auf keine Diskussionen ein, sondern verlassen Sie den Gruppenraum. Nach einer Stunde: Lasst uns nun gemeinsam auswerten, was sich für euch ereignet hat, wie ihr auf meine Ankündigung reagiert und was ihr mit der freien Zeit angefangen habt…

Auswertung

• Habe ich mich über die Ankündigung der freien Stunde gefreut?
• War ich enttäuscht oder verärgert, weil ich mich plötzlich allein gelassen fühlte, weil es keine Struktur gab oder weil ich selbst entscheiden musste?
• Wie habe ich herausgefunden, was ich wollte?
• Habe ich die Zeit allein verbracht? Freiwillig oder unfreiwillig?
• Habe ich mich anderen angeschlossen und ihnen die Initiative überlassen?
• Habe ich die Initiative ergriffen und etwas «organisiert»?
• Was habe ich gemacht?
• Habe ich die Zeit genießen können?
• Habe ich die Zeit auf eine für mich charakteristische Weise verbracht, oder habe ich etwas Neues probiert?
• Was habe ich von meinen Eltern darüber gelernt, wie «man» Freizeit verbringt?
• Wie viel Freizeit habe ich sonst, und was fange ich mit ihr an?
• Habe ich oft auf die Uhr gesehen in dieser Stunde?
• Habe ich die Zeit vergessen?
• Wenn ich zu spät zur Gruppe zurückgekommen bin: Kann ich mir das verzeihen?
• Was möchte ich sonst noch sagen?

Erfahrungen: Rechnen Sie damit, dass eine Reihe der Jugendlichen nicht zur verabredeten Zeit zurückkommt, sondern später eintrifft. Einige können auf diese Weise ihren Ärger darüber ausdrücken, dass Sie die Gruppe einem «ungewissen Schicksal» überlassen haben. Andere (hoffentlich viele!) haben intuitiv den Sinn der Sache erfasst und Zeit und Stunde vergessen.

Gleichwohl sollten Sie selbst pünktlich wieder im Gruppenraum sein, damit die gewissenhaften Gruppenmitglieder sich von Ihnen nicht auf den Arm genommen fühlen. Spielen Sie für sich und die bereits Anwesenden zum Trost etwas Musik!

64 FERIEN MIT DER GRUPPE

(Encountertradition)

Ziele: Dieses Experiment spricht die Phantasie der Jugendlichen an und ermutigt sie, Kontakt zu ihren verborgenen Wünschen und Sehnsüchten herzustellen.

Teilnehmer: ab 16 Jahren

Zeit: 20 bis 30 Minuten

Anleitung: Ich möchte euch zu einem Experiment einladen, in dem ihr eure Phantasie ausdrücken und eure Wünsche wie im Märchen erfüllen lassen könnt.

Legt euch wie die Speichen eines Rades auf den Boden, die Köpfe zur Mitte, mit dem Rücken nach unten...

Schließt jetzt die Augen und konzentriert euch auf euren Körper... Wendet eure Aufmerksamkeit nach innen und findet heraus, was in eurem Körper geschieht... Ist eure Lage ganz bequem?... Versucht, eine noch bequemere Position einzunehmen...

Fühlt ihr euch entspannt?... Wenn irgendein Teil eures Körpers doch noch verspannt ist, dann versucht loszulassen... Spannt diesen Körperteil dazu ganz bewusst kräftig an – und dann lasst los. Wiederholt das einige Male...

Nun achtet auf euren Atem... Wie atmet ihr?... Empfindet, wie die Luft durch die Nase oder den Mund einströmt... Fühlt, wie sie durch den Hals in die Brust und in den Bauch flutet...

Stellt euch nun vor, dass der Atem kommt und geht wie sanfte Wellen am Ufer des Meeres und dass mit jedem Atemzug etwas von der Spannung aus eurem Körper fließt... Bemerkt, wie ihr euch mehr und mehr entspannt...

Ich möchte euch zu einer Reise einladen. Stellt euch vor, wir machen gemeinsam Ferien, und für uns gelten in diesen Ferien nicht die normalen Naturgesetze von Zeit und Raum. Wir können in Sekundenschnelle große Entfernungen zurücklegen; wir können in die Vergangenheit oder Zukunft reisen, was immer wir wollen. Es ist alles möglich, was sonst nicht möglich ist. Wichtig ist, dass wir alle unsere freie Zeit, unsere Ferien, genießen können und dass wir zusammenbleiben. Wer immer eine Idee hat, was er gerade mit der Gruppe tun möchte, kann das sagen. Unsere Ideen und Wünsche werden zusammenfließen und sich ergänzen, sodass wir eine wunderschöne Zeit erleben werden. Ich selbst werde beginnen.

Ich lade euch ein, euch auf meinen großen fliegenden Teppich zu setzen und mit mir in die Luft zu steigen...

Ich möchte mit euch eine kleine unbewohnte Insel in der Südsee aufsuchen...

Wir stehen unter den Schatten spendenden Palmen im weichen, weißen Südsee-
sand, und ich reiche jedem von euch eine Schale mit frischem Kokosnusssaft...

Lassen Sie die Gruppe weiterphantasieren und sorgen Sie ggf. durch eigene
Beiträge dafür, dass alle auf dieser imaginären Reise beisammen bleiben. Teil-
nehmer, die stumm bleiben und auch von anderen nicht einbezogen werden,
können Sie integrieren, indem Sie im Rahmen der Phantasie etwas gemeinsam
mit ihnen tun, sich etwas von ihnen wünschen, ihnen etwas geben etc.

Wenn Sie merken, dass die Gruppe ermüdet, leiten Sie die Rückreise ein: Unsere Ferienzeit geht dem Ende entgegen, und ich möchte mit euch hierher zu-
rückkehren... Ich setze euch wieder auf meinen fliegenden Teppich und steige
in die Luft mit euch... Wir fliegen hierher zurück. Über unserem Gebäude dre-
hen wir noch eine kleine Extrarunde... Langsam senkt sich der Teppich, und wir
sind alle wieder hier in unserem Raum versammelt...

Ihr habt noch eine Minute Zeit, um euch darauf einzustellen, mit eurem Bewusstsein wieder in die Alltagswelt zurückzukehren, in der die Gesetze von Zeit
und Raum volle Gültigkeit haben... Öffnet nun eure Augen, setzt euch aufrecht
hin und schaut euch im Gruppenraum um...

Wie hat euch unsere gemeinsame Freizeit gefallen?...

Erfahrungen: Das Experiment setzt voraus, dass die Jugendlichen miteinander
und mit Ihnen gut vertraut sind. Es eignet sich vor allem für eine Abendsitzung.
Die Auswertung sollte nur kurz sein, damit der «Freizeit-Effekt» nicht durch die
Arbeit der Auswertung wieder aufgehoben wird.

iskopress

Auf den nächsten Seiten
finden Sie mehr für
die Arbeit mit Jugendlichen

Mehr für die Arbeit
mit Jugendlichen

iskopress

Klaus W. Vopel
Ein starkes Ich
Geleitete Imaginationen für Jugendliche
175 Seiten, Paperback
ISBN 978-3-89403-345-3

Klaus W. Vopel
Expressives Schreiben
Ein Programm zur seelischen Immunisierung
120 Seiten, Paperback
ISBN 978-3-89403-336-1

Klaus W. Vopel
Schreibwerkstatt, Teil 1+2
Eine Anleitung zum kreativen Schreiben für Lehrer, Schüler und Autoren
Teil 1: 206 Seiten, ISBN 978-3-89403-311-8
Teil 2: 164 Seiten, ISBN 978-3-89403-312-5
Paperback

Cheng Wei
Die weiße Pagode
und andere Erzählungen
160 Seiten, Hardcover
ISBN 978-3-89403-348-4

Mehr für die Arbeit
mit Jugendlichen

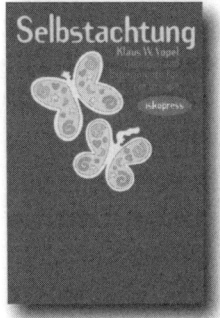

Mehr für die Arbeit
mit Jugendlichen